松本幸夫

研修・セミナー講師を頼まれたら読む本

同文舘出版

まえがき

私は、人前での話し方やプレゼンテーションの指導をしています。

最近増えてきたのが、「社内講師を頼まれたけれど、いったい何をどう話せばいいのかわからない」という質問です。最近は〝景気〟の問題もあって、「企業内で研修講師を頼んだら経済的」という風潮があります。現に、「松本先生、研修講師の養成をしてください」という企業からの依頼も増えています。

あるいは、ビジネスパーソンが今までの自分のキャリアを生かして、ライフワークとして講師をしてみたいが、その方法がわからない、というケースもあります。

こんな状況の中で、「では、私がそれを書いてみよう」と思って筆をとりました。ちなみに、私の原稿はすべて手書きなので、本当にペンを手にしました。

私自身、あがり症克服とか話し方、交渉のようなコミュニケーション関係の書籍は、これまで数多く書いています。

しかし、「研修講師」に特化して書いたのは本書が初めてで、プロのエッセンスがギュッと詰まった本だと自負しています。

〝プロ〟は何が違うかというと、キャリアとか使命感などいろいろありますが、そこからくる自信が違います。

私は今では、どんな変わった受講者がいても、どんなにおかしな質問をされても簡単にいなすことができるという強い自信があります。

自信とは、研修の世界のみならず、〝人生〟においても欠かせない、最重要なもののひとつではないでしょうか？　そんな大切な自信が本書を読み進めていくうちにあなたにも伝わって、あなたの自信養成にも必ずつながるはずです。

本書は、いわば「空手つながり」で、打ち合わせをしても仕事の話は半分、あとはすべて空手の昔の選手の話や師範の方々の噂話などをして、楽しい趣味を同じくする、編集の古市達彦氏との合作と言えるかもしれません。

なぜなら、私は楽しいと筆がスラスラと進むからです。また、氏とはたまたま同年齢ということもあり、私のお気に入りの「編集者」の1人なのです。

このように、趣味が同じだったり、年齢のような共通点があると、人は早く親しくなることができます。そう、研修も同じで、ただ「自分が何を伝えるか……」を考えるのではなく、まずは私という〝人間〟を知ってもらい、共感してもらうことが大切なのです。

では、あなたがプロ講師になる扉を開きましょう。

2010年1月

著者

もくじ

4章 教えることは学ぶこと

装丁／高橋明香
本文ＤＴＰ／エムツーデザイン

序章

- 講師に依頼された、さてどうするか？
- 何を話したらいいのか
- 目的は鮮明か
- どのように話すか

講師を依頼された、さてどうするか？

私は、研修講師を23年やっています。

もちろん、年間２００回などというペースで行なえるようになったのは、ここ10年くらいのものです。

それまでは、長い下積み時代がありました。

何と言っても、まだ20代後半の若者です。それが「先生」として、受講者といっても平均40歳前後のオジサン（当時、女性の受講者はほとんどいなかった）に教えようというわけです。

今考えるとまったく冷や汗もので、私が同じ立場だったら、「この若僧が」とか「こんな奴に習う気はしない」となってしまうでしょう。

いわゆる、「年齢のカベ」というやつです。

それに比較すると、最近は楽です。受講者の大半は「年下」だし、担当者もそれほどのキャリアはありません。「好き放題」というと言い過ぎかもしれませんが、かなりやりやすくなっています。

まだまだ日本には、能力よりも「年齢」がものをいう業界があります。研修もそれに当てはまる、というのが私の感想です。

さて、最近よく耳にするのは、「社内で講師を頼まれたけれど、どうしていいかわからない」、「どのように話せばいいのでしょうか？」というもので、「松本先生、研修のコツを教えてください」という人もいました。30代の、ある大手出版社の編集の方でした。

景気のいい時代には、社外のいわゆる「外部講師」に依頼するケースが多く見られました。つまり、同じようなことをしていても、表も裏も知っている先輩の言うことよりも、研修講師のプロが「客観的に」言ってくれたほうが、担当者は安心です。受講生が、いちおうは「フーン」、「なるほど！」と言ってくれるからです。

研修講師には、著者と編集者の関係のように、研修担当者との相性があります。

私は年のせいか、この頃「好き嫌い」が激しくなってきて、「この人はいい人」、「この人とならいい仕事ができそう」という、気に入った人としか原則的に仕事をしないことにしています。

それも、ほとんど直感と言うか、第一印象で決めています。

これは実は、研修受講者の心理と言ってもいいものです。

「気に入った先生」、「この講師からなら話を聞いてもいい」というように、人物がポイントとなります。

と言っても、よい人柄のつくり方となると、本来の本題から外れてしまいます。

しかし、「最後は人柄なのだ」ということを念頭に、研修講師の成功法を伝授していきたいと思います。

私は毎年、1日30人平均のクラスで、年に200回≒6000人以上の人を講師として「教えて」います。

正確にはカウントしていませんが、今までにだいたい15～30万人くらいの人と接してきています。1クラス100人の講演が月に1、2回あるほか、200人の講演会というのもあるので、カウントの仕方によっては幅が出てしまいますが、そう少なくはない数です。

餅は餅屋と言いますが、私は研修講師の〝プロ〟です。

プロというのはメンタル面で、自覚、責任、満足感、使命感など、かなり崇高なものを持っているものです。

ですから、ここはひとつ「プロ」のコツをしっかり読んで学んでください。

私は、自分でできたことしかお伝えしません――と言ってもご安心を。

自分で保証してもいいのですが、この本の読者であるあなたよりも、私のほうが何倍も口ベタであがり症だったからです。威張れたことではありませんが、本当の話です。

他でも述べるので詳細は省きますが、そんな私が、「研修講師」「プロ」として好評を得て、活躍しているのです。

そんな、私のエッセンスをすべてお伝えしますから、ぜひ身につけてください。

私のお伝えすることのすべてを実行していただけたら、必ずあなたは私以上の「超一流のプロ」になることができます。なぜなら、あなたのほうが、私よりも才能があるからです。

私は少年時代、先生に当てられると皆の前で答えを言うのが恥ずかしくて、手も挙げられないほど、強度のあがり症でした。

そうではない、ごく普通に話せるあなたなら、可能性は無限大と言っていいでしょう。

では、研修講師を頼まれたらどうするか。また、何から手をつけたらいいのかをお話ししていくことにしましょう。

↓何を話したらいいのか？

「何を話すのか」という話材や構成については、次章で触れていきます。

まず、あなたは「どうして」研修講師を頼まれたのでしょうか。

それは、あなたに研修するに値する「ネタ」「専門」「中身」があると、周囲や上司から判断されたからです。

ですから、「彼（彼女）に頼もうか」となったわけです。

自分で「なぜ」がわかっているなら、あなたのやるべきことはまず、「研修のテーマ」をしっかりと決めること、つまり「何を話すのか」を決めるということです。

もちろん、「人事考課についてお願いします」とか「ストレスマネジメントについて」というように、依頼先から指定がある場合もあります。その場合は楽です。少なくとも、何がテーマなのかがわかっているからです。

私も現在は、「では、交渉技術で」とか「タイムマネジメントで」、「職場コミュニケーショ

ン で」というように、先方からテーマが指定されます。中身は、私がそれにふさわしいものを、相手先のニーズに合わせて組み立てます。いわゆる、「カスタマイズ」ということですが、あまり先方の要求通りにしてしまうと、オリジナルの内容にならないため、その兼ね合いが大切です。

これについては応用なので、もう少し後の章で解説しましょう。

あなたの専門分野は何でしょうか?

なぜ、あなたが講師を頼まれたのだと思いますか?

中には、研修講師を頼まれたのではなく、自分から「やってみたい」という人もいることでしょう。

その場合も、「何のテーマなのか?」、「自分が話のできる分野は何か?」

まず、これをはっきりさせておくことです。

私たちは、知らないことについて話すことはできないし、言えたとしても底の浅いことしか言えません。

たとえば私が、「では、松本先生。エクアドルの共産主義について3時間話してください」

と言われても、3分ももたないでしょう。

それは、私のフィールドではないからです。

ここは大切なポイントです。

研修講師は、自分自身の得意分野やフィールドを自覚することです。そして、そこであなたの専門性を発揮することができたなら、よい研修ができるはずです。

当たり前のことですが、「自分が自信を持って話ができること」が研修のテーマです。

目的は明確か

ひと口に研修講師と言っても、その「目的」は異なります。

あなたは、「何のために」という目的をはっきりさせているでしょうか？

たとえば、他部門の人にも個人情報について知ってもらうとか、法令についての理解を深めてもらうというような、情報伝達型の研修があります。

この場合、あなたが大声を出したり、受講者にヤル気を出させたりすることは目的ではありません。

「理解してもらう」、「知ってもらう」――これで、十分に目的ははたせます。

しかし、動機づけ型の研修というのもあります。これは、最終的には行動してもらう、動いてもらうことが目的です。

この場合には、ただ情報を相手に伝えるというだけでは不十分です。

つまり、「言いたいことはわかったけどやらない」では困るのです。

たとえば、「毎日5軒のお客様を訪問しよう」といったとき、「わかったけど、やっぱり行かない」というのでは困るわけです。

これを、あなた自身の研修に置き換えて考えてみてください。

「わかった」＝「行動する」にまで持っていくのが、動機づけ型研修の目的です。

わかりやすく、

情報伝達型

動機づけ型

という分け方をしてみました。

この他にも、全社員に同じ研修を受けさせて、社内の**共通語・共通意識**を持たせるのが目的という場合もあるでしょう。

また、情報伝達型というのは、研修講師から見た言い方です。

ですからこれは、受講生から見れば知識獲得型と言えるでしょう。


いずれにしても、まずあなたは、「何のために研修をするか」を明確にしておかなければなりません。

どのように話すか

受講者が社内でよく知っている人であっても、研修講師が忘れてはならないことがあります。

それは、講師としてのけじめや威厳を保つということです。

仮に仲間が、

「よう、松本ちゃん。今日は頼むよ」

と言ってきても、あなたはそれに合わせてはなりません。このけじめを守らないと、研修はただの「なれ合い」になってしまうからです。

あなたは、あくまでも「研修講師」という立場を崩してはならないのです。

ある出版社の方が社内講師を頼まれて、アドバイスを求めてこられたとき、私がまっ先に注意したのがこのことです。

「○○さん、たしかに受講者はよく知っている人ばかりだから、とてもやりにくいと思います。社内講師というのは、私たちのような〝外部講師〟でないから、日常のありのままの姿も見られていますからね。何を偉そうなこと言って、と思われやすいものです。しかし、けじめだけはしっかりつけなければなりません。むしろ、親しいからこそビシッとやりなさい」

とアドバイスしました。


「松本先生、講師って難しいですね……」
○○さんは研修後、開口一番こう言いました。
どうやら、社内研修は無事にこなしたものの、思ったようにはいかなかったようです。

「せっかく、シナリオをつくって準備はしたのですが、受講生の前に立ったら思ったことの半分もできなくて……」

「○○さん、初めてのチャレンジで半分も話せたら大成功ですよ。ほとんどの人が、言おうとしていたこと、言いたかったことは話せないものですよ」

と、私は彼を誉めたのです。

やはり、研修講師としては、話す中身がなくてはひと言も話せません。先の例のように、「知らないことは話せない」からです。

では、いかにしてあなたは、自分自身が満足できて、しかも受講者をも満足させる研修ができるのでしょうか？

まずは、「何を話すのか？」という話の中身、構成について話を進めていきましょう。

本書の実践だけで、「アマチュア」の方も、セミプロクラスまでにはなれることを保証します。

1章

内容を組み立てる

- シナリオを作ろう
- ニュースショー方式でいこう
- 結論の強調の仕方
- とにかく３つにまとめる
- 起承転結はビジネスでは不適切
- 説得よりも納得させる構成にしよう
- 理論と事例をセットにする
- さすがの情報も欠かさない

シナリオを作ろう

「何を話すか」を考えるときに意識したいことは、〝全体の流れ〟です。

ここで、研修講師としてやってはならないことがあります。それは、一字一句セリフを暗記する、ということです。

もし、一字一句を丸暗記して話していると、その「悪い型」が身についてしまうからです。私は「速書き」を提唱していますが、これも、下書きしないということが、速く書くルールです。下書きの癖がついてしまうと、一回書いてからでないと書けなくなってしまい、この癖を除くのはかなりたいへんです。

ですから、あくまでもシナリオであってセリフを書くわけではない、ということを忘れないでください。

たとえば、書くのは「オープニングのあいさつ」であって、「みなさん、おはようございます。私は営業二課の……」とは書かないということです。

今から、シナリオには「キーワードのみを書く」ということを習慣づけましょう。

たとえば、私の「導入部分」だとこのようなワードです。

導入部分

あいさつ、お礼
セミナーの目的
セミナーのプログラム紹介
クイズ
ペアーでインタビュー
テキスト配布

というように、ポイントだけをキーワードにして、話す流れに沿って書き出していきます。

と言っても、はじめは「骨組み」、本でいうと目次に当たる部分を作成します。子供の日記のように、頭から書き出すと「全体の流れ」がつかめません。

つまり、はじめは構成をしっかりと組み立てる、ということになります。

●全体の流れを考える
●一字一句書かない
●構成をしっかり組み立ててから細部を考える

というのが、覚えておくべきポイントです。

あなたの研修テーマが何であれ、いきなり人前に立って本題に入ることはまずありません。と言うのは、持ち時間があるからです。

シナリオ、構成を考える際には、まずはこの持ち時間によって「どこまで書くか」が決まってきます。


私の場合だと、教材の録音、ラジオの録音といった仕事なら、15分、20分で話をまとめることもあります。

そうすると、一字一句を書いていたら原稿用紙を用意することになり、それを「読み上げる」ことになりかねません。これでは、「ことばが死んでしまう」と私は思っています。

私たちの理想は「ライブで話すこと」です。研修でも、「ライブ感覚」を持ち合わせていたいものです。

つまり、話す中身は自分自身の中にあったとしても、受講者を前にしたら、そのときの「自分のことば」で話をするのです。

私は、今の研修はすべて「ライブ」でやっています。つまり、もうすでに話す中身はあるので、その場で思ったことはどんどん口に出していくのです。

もちろん、本筋を外さないことは言うまでもないし、また脱線せよ！　というわけでもありません。しかし、用意した原稿を読み上げることだけは、タブーと心得てください。

では、構成に入りましょう。

ニュースショー方式でいこう

あなたは、シナリオを作る場合、「自分の話しやすさ」を基準にしてはいけません。常に、受講者目線を忘れてはならないのです。

つまり、受講者や聴き手にとっての「わかりやすさ」を追求していく、ということです。中身が難しくて高尚なことであっても、もちろん構いません。

しかし、それをいかに「わかりやすく伝えるか」を考えます。

この章では、「話し方、伝え方」のわかりやすさではなく、「構成のわかりやすさ」を述べていきます。

噛み砕いて言うと、どのような順序で話を進めていくのか、ということです。

たとえば、「結論を先にもってくる」とか、「結論は前後に繰り返す」というようなことを考えましょう。

短時間でわかりやすく、しかも内容も盛りだくさんな研修の場合に参考にしたいものがあります。

それは、テレビのニュースショーです。

20年前のニュース番組だと、いきなり個々のニュースに入っていました。

「本日3時頃、新宿の雑居ビルで火事がありました」

というように、いきなりで本題に入ります。

しかし、「ニュースショー」になると、私たちの研修と似ていて、報道すべきニュースは多く、なかには特集を組んで細かく伝えるものも出てきます。

もしこれを、20年前のスタイルでやったらどうなるでしょうか？

「この特集、いつまでやるのかな？」

「あのニュース、いつやるんだ？」

というように、視聴者にとって非常にわかりにくい番組となります。その結果、チャンネルを変えられてしまうことになります。

これを研修に置き換えてみると、「講師として二度と呼ばない」とか「アンケート結果が悪い」などとなってしまうわけです。

せっかくの研修なのですから、ぜひとも成功して好評価を得たいものです。次につなげてリピートがあるのが、研修講師の実績となります。

今の私は、だいたい「ぜひ、次回もお願いします」と言われます。

しかし、スケジュールが詰まっていることもあるので、「早く押さえていただけたら優先します」と、スケジュールについてだけ伝えています。この結果、リピートばかりになり、空き日程がなくなってきて悩んでいます。

先日も講演が入ってしまっていたため、テレビの取材をどうしても受けることができず、断わらざるを得なかったほどです。


さて、常にリピートを受けるような「売れる」――つまり、ためになって、中身もわかりやすいと言われる研修にするためには、まずはテレビのニュースショーのような構成にします。

つまり、はじめに「今日の研修で話すこと」のポイントをあげます。

次に、だいたいの時間配分も加えてみましょう。

司会役の人がいるときには、その方が伝えることも多いのですが、いちおうあなたも口頭で、「研修の流れ」くらいは口にできるようにしてください。時間にしたら、1、2分でいいのです。

「午前の部を長めにしたいので、昼食は12時30分になる」とか、「休憩は1時間に1回くらいとる」といったことも加えるといいでしょう。

受講者も人間で、生理的なものがありますから、「いつになったら休みになるんだ」とか「お腹が空いたけど、12時を10分も過ぎている」などと思われてしまうと、中身に集中してもらう以前の問題になります。

ですから、「よけいなリスクは取り除いておく」ことも考えるのです。

ニュースショーのように、最初に全体の流れを説明します。これは、スライド等でわかりやすく映したりプログラムとして配付して、「研修の中身に入る前」に示しておきます。

先の昼食の時間のズレや、いつもと違うことは加えます。

さらに、何時に終わるのかも加えておきます。

要所要所の時刻、主な項目、全体の流れを示すのは、ニュースショーと同じやり方です。

結論の強調の仕方

全体をニュースショー方式で示したら、次に中身に入ります。中身の組み立て方に入る前に、ひとつ忘れてはならないことがあります。

それは、構成はあくまで、あなたの研修の中身をわかりやすくするのが目的であり、あなたの主張、結論を「受け入れやすくする」ための手段だということです。

研修は、その目的やねらい、あなたの主張をしっかりと理解して受け入れてもらうために行なっていることを忘れてはいけません。

ややもすると、シナリオの作成、構成を考えていくことが目的化しがちであるため、「何のためにそうしているのか」に立ち戻ることは欠かせないことです。

そうでないと、本来の手段が目的化してしまって、「ああ、いいシナリオができた」、「この構成はすばらしいね」といった、変な自己満足に陥りかねません。

強調したいポイントは、研修の中で繰り返すことです。

同じ言葉でもいいし、それに加えて表現を変えて何度も口にします。

受講生の行動を促すのなら、それをそのまま言います。

「安全確認をしましょう」でも「省エネが大切」でも、あなたの結論、中身は何回も口にします。

また、何かのプロジェクトなら、ネーミングも大切です。

適切な、記憶に残るネーミングをして何回も繰り返すこと、ここが肝心な点です。


「○○プロジェクトを推進しましょう」

「△△作戦で向上させましょう」

「×××をぜひ！」

というように、研修の中で何度でも繰り返すのです。


仮に、研修の中ではそう深く考えていなかったとしても、「繰り返し」をしていると記憶に残ることがあります。

「そう言えば、あの講師が言っていたなあ」となるには、1回伝えただけでは十分ではありません。

たとえば私は、言いにくいことや失敗の報告などを、あえて最後まで口にしないことを「省エネ話法」と名づけました。

「部長、今回のA社の件、うまくいきませんでした！」などとハキハキ言わないはずです。

「部長、A社の件ですが……残念ながら……」

これで十分に意味は通じるし、それが大人の言い方というものです。最後まで言わないので「省エネ話法」です。

というように、ネーミングして繰り返すと記憶に残りやすくなります。

とにかく3つにまとめる

1日の研修で、次のような流れだとします。

9：00―10：20　第1講
休憩
10：30―12：00　第2講
昼休み
13：00―14：20　第3講
休憩
14：30―15：50　第4講
休憩
16：00―17：00　第5講

このような時間の流れを「見える化」しておくことも、全体をつかむのにはいいことです。

この場合、1~5講まで5つのパートでその日の研修が成り立っています。

構成にはさまざまありますが、仮に、**序論→本論→結論**を1日の研修で行なうならたとえば、

序論……第1講
本論……第2、3、4講
結論……第5講

というような組み立て方があります。

この「講」は、あなたの研修の中身によって変わってきます。

たとえば、第1講で時代背景やニーズについて触れるとか、本論では具体例、現場の声を紹介するなど、序論→本論→結論という流れを組むわけです。

そして要所要所、あるいはひとつの講目の中で、「ポイントを3つにまとめる」ことをしてみましょう。多くても、「5大ルール」とか「5大ポイント」までにするのです。これ以上だと、内容がわかりにくくなってしまいます。

まずはじめは「3つにまとめる」ことを習慣にしてみましょう。

日常的なトレーニングとしては、ビジネス以外でも、「3つ」にまとめて話すようにクセづけてしまうのです。

「言いたいことは3つあります」

「それは3つのことが考えられるね」

「ポイントは3つです」

というように、まず口に出すようにします。

実は、どんなことでも「3つ」あげるのは思ったよりも楽なのです。

たとえば、私は韓国ドラマが好きで、これまで500作品以上観ているので「好きな作品3つ」と言えば、その中から3つあげればいいのです。

「そうですね、『エデンの東』と『天国の階段』と、『復活』、なんか面白かったです」でもいいし、「『悲しき恋歌』と『秋の童話』と『アイリス』かな」と、いくらでもあげることができます。

あるいは、ビジネスパーソンに大切なことといったら、「①コミュニケーション能力、②情報収集力　③決断力」と言ってもいいし、「①聴く力　②話す力　③考える力」と言っても間違いではありません。

つまり、あなたの研修も、「大切なことを3つにしぼる」ことによって、受講者にはわかりやすく、記憶に残りやすくなります。

また、3つにまとめると「あなたにとっても話しやすくなる」のも大きなメリットです。ただダラダラと話をしてしまうと、とりとめのない話になります。

これは研修のみならず、会議や朝礼、または立ち話でも、場合によっては説教でも同じです。まあ、お説教を「君の悪い点は3つあるね。ひとつ目は……」なんてやられたら嫌がられるでしょうが……。

なお最近では、各講の終わりには必ず「この講のまとめ」として、その時間に行なった内容をまとめておきます。ほんの1、2分サラリと、もちろん「3つ」にまとめるのです。

起承転結はビジネスでは不適切

京都三条糸屋の娘　（起）
妹十八、姉二十　（承）
諸国大名、弓矢で殺す　（転）
糸屋の娘は目で殺す　（結）

これは頼山陽作の四行詩で、有名な「起承転結」の流れの代表です。

ところがこれは、ビジネスではあまり使えません。
なぜなら、起、承まではいいでしょう。
京都の三条に糸屋の娘さんがいました。妹は18才、お姉さんは20才です。
と、前段で説明していますから、問題はありません。
しかし、転だとどうでしょうか?

まったく（一見）関係のないことがポンと出てきてしまいます。

「諸国大名弓矢で殺す」のは、糸屋の娘と何の関係があるのか、となります。

ただ、結で結びつくので、なるほど、となるわけです。もちろん、目を武器にして、男のココロをコロリとまいらせてしまうわけでしょう。


仮にこれが報告だと、意外性は出ますが、「わかりにくい」となります。


「部長、京都三条の糸屋商事の件ですが」

「何だ?」

「A部長は48才、B課長は45才です」

「うむ」

ここまではいいでしょうが、転でまったく関係のない話が出てきます。

たとえば、

「K－1では魔裟斗、強かったですね」

となります。

当然、部長は怒るでしょう。

「君、いったい何の話をしているんだ！」と。

で、ようやく次のひと言でわかるわけです。

「お2人ともにK－1のファンなので、次回の接待は東京ドームのリングサイド席ではいかがでしょうか」

ここまでいかないとわからないのは、ビジネスではよくない、わかりにくい言い方となります。

もちろん、起承転結を文字通りというのではなく、ただ単純に「話の筋道」「話の流れ」をはっきりさせるという意味で使うのなら問題はありません。

しかし、文字通りにやると意外性は出るものの、ビジネスではとてもわかりにくくなってしまうのです。

説得よりも、納得させる構成にしよう

あなたの研修は、受講者を「納得」させたらいいのです。

受講生を無理に説得することを、北風方式と言います。もちろん、北風と太陽の話からとっています。

無理に、これでもかこれでもか、と説得しようとするのは、北風がピューピュー吹いて旅人のコートを脱がせようとするのと同じで、逆効果というわけです。

むしろ受講者は、「そんなことはない」という逆の気持ちを強くしてしまいます。

同様の失敗は、テレビショッピング方式でもあって、商品のメリットばかりを口にするようなものです。

「サイズは、ちょうどいいです」
「色も各色あって、きれいです」
「性能は他社よりも断然すぐれています」とやっていくと、「そんなことあるかしら?」と思われてしまうでしょう。

強引に説得をしようとするのは、これにも似ています。

しかし今の例なら、もし相手の立場に立って納得させようとしたなら、言い方は変わってきます。

「色も豊富で、デザイナーもフランスの著名な人で、耐久性も他社の2倍あります」で終わりません。

「ただしその分、価格が他社より2割高いのです」と、品質を追求したために価格が高いとなれば、「それならわかる」となるでしょう。

つまり、メリットに併せてデメリットも正直に伝えることによって、これが相手を納得させることができるのです。

また、私が受講者に接していてわかるのは、「自分の仕事でどのように役立つか」を知りたがっている人が大半である、ということです。

私の場合は、そこは受講者に「考えさせる」ことにしています。自分自身で答えを出させると、納得度は高いからです。

しかし、これは「応用編」のテクニックで、研修講師をはじめたその日にすぐに実践することはできません。

そこで、それはあなたが伝えることになります。

つまり、「これは仕事に置き換えるとこうなります」、「現場で使うとしたら、こんな形になりますよ」という言い方をするわけです。

私の事例を2、3挙げますので、あなたの研修に置き換えて考えてみてください。


たとえば交渉の研修で、「初回提示が大切なので、可能な限り大きく要求を出すこと」と伝えたとします。

私の場合は、「では、あなたの職場ならいくらまでが妥当なラインでしょうか。3分とりますから出してみてください」

と言って考えさせます。

そのうえで、人数と時間の兼ね合いで、グループにして話し合わせて、さらに許されるなら、その結果も発表してもらって受講者に共有してもらいます。

これはプロのやり方です。

しかし、慣れない担当者や受講者は、そのみんなで考え出した答えだけを知りたがります。これでは、本当に身につかないし、重要なことなのだという気づきにもなりません。

受講者が本当にすべきことは、「教わる」のではなく自ら「考える」ことであり、自分で「気づく」ことなのです。

少なくとも研修講師は、「気づかせる」「考えさせる」に留めなくてはなりません。

もちろん、挨拶の仕方とか機械の動かし方、法令のように、教わらなくてはわからない内容は別です。

ただ、このあたりのコツは、どうしても「キャリア」なくしては難しいため、答えはあなたが示さなくてはなりません。

今の例なら、「相場よりも、5％増しくらいならまったくおかしくないので、そのあたりから提示してみましょう」というようにします。

あるいは、プレゼンについての研修で「画面の説明の仕方」を伝えるとしましょう。

「画面で、〝今どこ〟を話しているのかという現在地は、わかりやすく手やポインターで差し示して、それから受講者とアイコンタクトをして話します」

と伝えました。

ところが、画面が巨大スクリーンで、手やポインターが届かない状況だとします。さあ、どうしたらいいでしょう。

私なら先のように、まずは「どうしたらいいか?」「どんなアイデアがあるか」を考えてもらいます。

そのうえで、私のアイデアを伝えます。

ところが、研修講師にとって、初チャレンジではそこまではできません。

自分の話したいことを伝えるだけでせいいっぱい、シナリオに沿って話していくだけでやっと、というのが正直なところです。

そこで、あなたが「現場ならどうする」までを説明するわけです。

「もし大きなスクリーンだと、手やポインターは届きません。そのときにはレーザーポインターか、もしくは言葉で〝2番目の棒グラフを見てください〟とか〝左下の3行目ですが〟というようにして、今どこを話しているかのかをわかってもらいましょう。そのほうが親切ですね」というようにして、あなたが答えを伝えます。

これだけでも、ただ一方的に話してしまうよりずっと納得度が上がります。

説得力は自分中心、納得力は相手中心です。どうしたら受講者にわかってもらい、うなずいてもらえるかを考えていきましょう。

理論と事例をセットにする

相手が納得したら、あなたの提案は受け入れられるし、相手は自発的に動いてくれるものです。

研修の中で、相手を納得させるのに欠かせないものは〝事例〟です。

これは、とくにあなた自身の体験、失敗談、経験が大きくものを言います。

高尚な理論、難解な話も、あなたの事例が入るとグッと身近な内容として、相手を引きつけることができるのです。

別の言い方をすると、理論や理屈は必ず、事例とセットにすることを実行していきましょう。

研修講師になりたての頃からこれを習慣化してしまえば、あなたはやがて名講師になれるはずです。

事例がないと、わかりにくい迷講師になってしまいかねません。

これも、いくつか私の例を出しますから、あなたの研修の中身に置き換えて考えてみましょう。

たとえば、私がタイムマネジメントの研修をしていて、仮に、「作業をするときには、時間を切って、何時まではこの作業をすると決めて行なうといいですよ」と言ったとします。これは理屈ですね。

そのまま次にいくと、この話は99％、受講者の頭には残りません。「へェー、それで？」でおしまいです。

「私が研修をしていると、休憩のたびにメールチェックに忙しい人がいます。こういう人は、おそらく会社でも、暇さえあればメールをチェックしていて、肝心の仕事は疎かということが多いのではないでしょうか。メールは午前中20分、午後30分、というように時間を切って、後は自分がやるべき仕事に集中するのが賢いやり方です」

と言うと、事例を挙げているためわかりやすくなるし、他人事とは思えなくて記憶に残ることもあるわけです。

あるいは、ただ「いじめをなくしましょう」と言うよりも、「私には中学2年の娘がいるのですが、新聞でいじめや自殺という記事を見ると、嫌な気分になってしまいます。いじめを何とかなくしていきましょう」と、少しでも例を入れたほうが、より身近で納得してもらえるわけです。

また、「残業をなくしましょう」ではなく、「私どもの課ではストレス性の胃潰瘍で、2名が入院しています。残業を減らしましょう」のほうが、ずっと説得力があります。

日常のトレーニングとしては、何かを口にしたら「たとえば」をつけて、必ず事例をあげるようにしてみてください。

「地震は恐いよね」といった後、「ホラ、たとえばこの間静岡で……」と例をくっつけて話します。

「ピーマンは嫌いな人が多いよ」で終わらせずに、「この間、テレビで小学生の嫌いな食べ物が……」と例を挙げるのです。

実はこんな日常のささいな習慣も、あなたの研修講師としての「地力」をアップさせるのに役立ってくれるのです。

➍「さすが！」と思わせる技術

内容で、あとひとつ覚えておくことがあります。

あなたが研修講師を頼まれたり、しようとしているということは、あなた自身が何らかの「プロ」であるということでしょう。少なくとも、あるジャンルではプロとしての力があるわけです。

あるいは、スキルそのものではなくて、キャリアを積んできているとかコツをつかんでいるなど、とてもくわしいということもあるはずです。

ここまで私が述べてきたことで、「そうか、わかりやすくすればいいんだな」というだけだと、あなたの研修講師としての「プロ」「すごさ」は伝わらない怖れがあります。

下手をすると、「あれなら自分にもできる」と思われてしまいます。

そうならないようにするには、「さすが！　と思わせる技量」「プロしか知らない情報」を、嫌味にならない程度にさらりと伝えるのです。

私などは、受講者が100人でも200人でも、今この原稿を書いているのとまったく同じ気持ち、状態で臨むため、見ている人は「人前で話すのはやさしいんだろうな」と思うでしょう。

ところが、いざやってみるとわかりますが、今この本を読んでいるのとまったく同じ心の状態で100人、200人の前で話すことは急にはできません。

私の研修でも、受講者の意見は大切にしているため、アンケートの中身については取り入れます。

しかし、私はスピーチについてはプロなので、そのあたりのコメントは参考になる程度です。それは、1人の受講者がそう感じただけで、「では、あなたがやってみてください」といったら、まったくできないことはわかっているからです。

タイガーヴッズに素人が、「そこはもっと左足を寄せたほうが」とか、魔裟斗に、もうちょっと左ジャブを多く、などというのと同じです。できない人が何を言っても説得力はゼロです。もちろん、研究している人や元選手が「プロ」の目から言うのは別です。

さて、私の例です。

プレゼンテーションのクラスで、仮に20人ずつ3クラスに分けて実習したとします。私1人が、この20×3＝60人のクラスのスピーチを担当したとします。

当然、「3分間スピーチ」の類いがあります。私は今の時代、3分は長いので、勝手に「1分半」にしています。そうしたほうがうまく話がまとまるからです。うまくまとめるのは、よけいなことを言う時間がないからです。

大きな会場で、1人1分30秒の持ち時間で19人の前でスピーチをします。これが20回×3グループあるわけです。

私はセンターで、ベルを鳴らして合図します。

すると、3グループの1人が19人の前に立ち「みなさん、おはようございます。2年前のことでした……」

と話をはじめるわけです。

その後に、19人からコメントをしてもらい、スピーチをした本人は反省したり、次回の改善点を見出すのです。

このコメントに先立ち、私はデモンストレーションをします。

1分半でベルを鳴らして、「ありがとうございました」といった後に、「これから、19人の聴講役にコメントしてもらいますが、くわしく改善点を言ってあげてください。だいたいよかったではダメですよ。

たとえば、こんな具合です。

今のAグループの山田さん。とても声に張りがあって力強さを感じました。ただ、ジェスチァーが足りないので、もう少しダイナミックに使ったほうがいいでしょう。数字は2回、3年とか2倍とか出ましたね。もっと使っていいんですよ。お父さんとの会話も臨場感があってよかった。

それからBグループの田中さんですが、とてもロジカルですね、なぜならば、という接続のことばがいいですよ」

というように、3つのグループそれぞれにコメントをします。

受講者は「スゴい！」と思っています。1人の話ですらきちんと聞けなかったのに、この先生は3人を同時に見てコメントできるなんて……。

私は5人くらいまでなら、その程度のことはできるし、全員にすることもできますが、それは少々「やりすぎ」です。

研修は、私自身のスキルの高さを見せる場ではありません。あくまでも、受講者のスキルアップ、気づきの場なのですから、受講生のモチベーションを高めるために「この先生はスゴい」と、1回でも思わせることができれば、それで十分です。

あなたは、研修講師の入口に立っていますから、1研修中に「1回」でいいので、受講生から「さすがだな」と思われるシーンを見せるようにしてください。


「あれは、彼しか知らないよな」

「彼女ならでは、だね」

「さすが、講師」

と思われるような場面が1回でもあれば、まずは初級コース合格です。

2章

聴衆分析の大切さ

- 相手によって話し方は変えていく
- 話のスピードと声については？
- 人数によってここが変わる
- ２つの注意ポイント
- 事例は事前に準備しておく
- 専門用語はどこまで使うか
- 研修中の分析

➡相手によって話し方を変えていく

研修によって、当然受講生の人数は変わります。

30人程度が平均ですが、２００名になることもあれば、8人、10人ということもあります。

もちろん、同じテーマであれば「内容」そのものが大きく変わることはありません。

しかし、時間が変わるし、内容も変わります。

つまり、２時間の講演会と、２日間の研修なら、同じテーマでも内容は異なってくるわけです。極端に言うと、「20秒でコメントをください」などと、テレビカメラの前で言われることもあります。

つまり今の例なら、

- **研修会**
- **テレビ**
- **講演**

というような、状況別に対応の仕方は変わってくるのです。

ここでは、聴衆によって話し方、伝え方を変えるために、聴衆分析をしていくことにしましょう。

1章で、研修講師として、どのように「構成」をしていけばいいのか、ポイントはつかめたことでしょう。

しかしその構成も、研修の相手によって微妙に、ときには大きく「話し方」や「伝え方」を変えてこそ、内容を理解してもらえるものなのです。

聴衆分析は、まずは「形」から入ります。

聴衆の

- **人数**
- **年代**
- **興味**（テーマに対しての）
- **専門性**
- **性別**

このような点は、事前に押さえておくべきポイントです。詳細はこれから述べますが、

人数　↓　伝え方
年代　↓　事例、話のスピード
興味　↓　話の深さ、ウォームアップの時間
専門性　↓　話で用いる専門用語
性別　↓　セクハラ表現

といったことが変わってくるのです。

あなたは、ただ研修の「構成」を組み立てるだけでは不十分なのです。その先にある「聴衆によって変える必要があること」を知らなくてはなりません。

↓話のスピードと声については？

私は、ときどき母親と電話で話をします。

ところが、70代後半の母親は、20年前と同じようなつもりで私がペラペラ話をすると、衛星中継での会話のように、お互い話のスピードがかみ合いません。

同時に話をしてしまったり、「間」が合わないのです。

私は、意識して「ゆっくり」「間」をとって、相手の「反応を見ながら」話を進めていきます。

これは、電話だけに限りません。

聴衆の年齢が高い場合には、

・ゆっくり
・間を十分にとる

つまりは、あなたが日常行なっているコミュニケーションよりも、ワンテンポスローにするくらいでちょうどいいものとなるのです。


ただし、「ゆっくり＝わかりやすく」とは違います。

年齢の高い人のみ、ゆっくり＝わかりやすいになります。

ですから、大半のあなたの研修では、意識してゆっくり話す必要はありません。

理由はいくつもあります。

先に母親の例を出しました。次は私の娘、つまり20才になるかならないかぐらいの、研修講師であるあなたよりも「若い」聴衆の場合はどうでしょうか？

彼らの日常会話のスピードは「速い」のです。

人気のお笑い番組を見ていても、テンポはいいし、会話のスピードそのものも速いのです。

ですから、彼らにとっては「話のスピードが速い＝わかりやすい」となるのです。


つまり、速いスピードのコミュニケーションに「慣れている」ため、講師もある程度テンポよく話さないと、「合わない」ことになります。

聴衆と「ペースを合わせる」のが、聴衆分析の大きな目的です。

若い　↓　速く
年齢が上　↓　ゆっくり

が、相手に合ったスピードになります。

ただし、無理をしてスピードを変えようとしなくていいのです。あくまでも、「理想」として覚えておいてください。

研修講師として、話そのものを〝聞きやすく〟するために、まっ先にやるべきことは、次の2つです。それは、

1　十分に間をとる
2　語尾をハッキリと発音する

です。伝え方や話し方については次章でくわしく述べます。

ただ、「早口でわかりにくい」という人は、そのスピードよりもむしろ、語尾をごにょごにょと発音してしまったり、十分に「間」をとっていないために聞きにくいのです。

どんなに早口でも、十分に間をとって語尾をはっきりと発音したら、聞きやすくなります。

声を出す専門家になるなら、ボイストレーニングで、声の出し方や声質も考えますが、あなたは「研修講師」になるのですから、やるべきことは他にもたくさんあります。

まずは、相手によって「快適な話のスピード」を変えることです。

そしてまずは、

- **間をとる**
- **語尾をはっきり**

という2つのことを覚えておきましょう。

人数によって、ここが変わる

聴衆分析において、「人数をつかむ」ことは大切なことです。

というのは、人数によって変わることが多くあるからです。

まず何だと思いますか？　そう、声の大きさですね。50人と5人では、当然、声のボリュームは変わります。「聞こえない」というのでは、コミュニケーションが成り立たないため、最低限、「聞こえる大きさ」でなくてはなりません。

当然、人数が多いほど、「声の大きさ」は大きくする必要があります。

また、研修講師としては、会場の設定までも考慮しておきましょう。

さらに、マイクを使うか使わないのか？　も考えなくてはなりません。

ジェスチァーを使いやすく、また動きやすくするためのピンマイクは使えるのかどうか、は事前準備の聴衆分析あたりから考えておくべきことです。

ハンドマイクより、ピンマイクのほうが動きやすいというメリットがあります。

ところが、型式を重んじるような、たとえば「〜式」や、堅いあいさつが目的だと、固定式のほうが重みが出ます。

研修講師なら、「動き」を取り入れることで話にメリハリがつきます。また聴衆に質問したり、コミュニケーションをとるためにもピンマイクのほうが利用しやすいでしょう。

そして2番目は、ジェスチャーの大きさです。結論から言うと、「人数とジェスチャーの大きさは比例する」ということです。

つまり、「人数が多いとジェスチャーは大きく」「人数が少ないとジェスチャーは小さく」ということを忘れないでください。

ジェスチャーの使い方そのものは、次章でくわしく見ますが、人数が多いとジェスチャーも大きく、少なければ小さく、これは基本なので忘れないようにしましょう。

3番目が、話を展開していくテンポです。

つまり、「間」は聴衆が少ないほど少なく、人数が多いほど、間は大きく長くなります。

このあたりは、かなりの応用編なのですが、やはりあらかじめ知っておくべきことです。

たとえば、聴衆が100人を越えると、かなり長い間がないと、聴衆との話の間、タイミングが合わなくなります。

仮に、おもしろい話をして「ワーッ」と会場がわいたとします。やってみるとわかりますが、それが静かになるまでには、思ったよりも時間がかかります。これが、10人くらいの規模とは大きく異なるところです。

これは、何も面白い話に限ったことではありません。質問してから答えが出てくるまでの「考える時間」とか、講師からの質問も、10人なら2人に当てるところを、100人なら5、6人に当てる、というように「多いほど、長く多く」というのが基本です。

心構えとしては、人数が多いほど「ゆっくり」していくつもりで、ちょうどよくなります。

4番目には、視覚的なスクリーンのサイズが変わります。

人数と「会場の大きさ」は比例するということを覚えておいてください。

当然、使用するスクリーンは大きくなるため、小さいと「見られなく」なります。

仮に20名くらいまでだと、小さいスクリーンなので、話すべき所を「手やポインターで差し示す」ことができます。

ところが巨大なスクリーンになると、レーザーポインターとか、言葉での説明になります。つまり、人数によってスクリーンの示し方が変わってくるのです。また、立つ位置も変えます。このあたりも、次章でくわしく述べますが、「人数が少ないほど、スクリーンの近くに立つ」「人数が多いと、スクリーンからの距離をとる」ようにします。

5番目に、「人数が多いほどフォーマル、少ないほどインフォーマル」というのもルールです。

少ないときには、服装はラフに、腕まくりなどしてカジュアルな雰囲気にするのもいいでしょう。

ところが多人数では、服装も話し方も格式ばったほうが、ムードに合います。

研修が進むにつれて受講者もリラックスしますから、ラフにカジュアルにしてもおかしくはないのですが、スタートは、人数によってルールを守る、ということです。

聴衆分析の中でも、「何人を相手にするのか」は、思っていた以上に大切なことがおわかりいただけたことでしょう。

1　声の大きさ、マイクの使用
2　ジェスチャーの大きさ
3　間のとり方
4　スクリーンのサイズ

5　話し方や服装（フォーマルかどうか）

ざっと見ても、人数によって変えるべきことはこんなにあります。

ですから、聴衆分析なしに研修講師をすることが、いかに無鉄砲でリスクの大きなことか、がおわかりいただけるはずです。

⬇2つの注意ポイント

以前の研修と比べて、私自身、「2つ」の大きな点に注意しています。少なくとも、10年前とはガラリと変えています。それは、

1 個人情報

2 ハラスメント

です。

個人情報というのは、私は「外部」の研修講師なので、参加者の

- **肩書き・キャリア**
- **名前**
- **性別・年齢**

などの情報を、あらかじめ担当者からいただくことが少なくありません。

もちろん、今は個人情報の取り扱いが厳しくなっていますから、「研修限定」に使用す

ることは、言うまでもありません。

また、「女性だから」とか「女性の」といったことを強調すると、ハラスメントになりかねません。ですから、参加者の性別を把握しておくことは、事前に注意すべき点をチェックするためにも欠かせません。

あるいは、性別だけでなく、用いる用語や言葉遣いにも心配りをします。

年代によって、タブーとは言わないまでも、あまり盛り込むのは考えものというテーマや事例もあります。変なたとえですが、

「営業をやる人は、ハキハキ、ゲンキに、つまり〝ハゲ〟でいきましょう！」と口に出すと、参加者に該当者がいたらハラスメントにもなりかねません。しかし、これは事前にはわかりません……。

とくに、聴衆分析を事前に行なった場合、「名簿」の名前は要チェックです。

研修中の名前の「呼び間違い」はよくありません。読み方がわからない名前がないかをチェックして、可能なら担当者に確認しておきたいところです。

読みにくい場合には、研修前に本人にしっかりと確認しておけばいいでしょう。私も長い講師生活で2回だけ、担当者の人が間違った情報をくれたことがありました。

「上村、ウエムラさんでいいのですか？」

「ハイ、そうです。ウエムラですね」

といって、本人を指名して、「ハイ、ではウエムラさん」と呼んだところ「スミマセン、カミムラです」ということがありました。


また、ある研修の代理店の方にセッティングしてもらったことがあります。すると、公開セミナーということで、さまざまな学界の方がいたのですが「机上の名札」には、企業名だけが書かれてありました。

「では、次は……トヨタさん」

「その後は、フジテレビさん」

といった感じで、何ともおかしな感じでした。

私はすぐに担当者を呼び出し、「これは個人情報の拡大解釈で、一人一人の名前を呼ばないと進められないので、休憩中に個人名の名札に変えてください」とお願いしました。

担当者は、個人情報を誤解していて、個人名を出してはいけないと思いこんだのでした。

また、「新人」対象の研修で「個人情報なので、年令は出せません」という企業もありました。

また、新人というので事例は、かなりムリをして「若者向け」を意識したのですが、いざ行ってみたら中高年ばかりということもありました。

「企業保険の担当者ということで、キャリアがないとできないため、今日は全員40歳以上です」と、後から言われました。とっさに事例は切り換えられましたが、こういうこともあるわけです。

あなたはおそらく、「自社内」での研修講師を頼まれるというケースが多いはずです。ですから、受講者の情報をある程度把握しているかもしれません。

それでも、個人情報は今、「拡大解釈」「誤解釈」される傾向にあるので、必ずしも事前に手に入るとは限りません。

それでも、可能な限り収集しておくことは、よい研修を行なうためには不可欠なのです。

事例は事前に準備しておく

「一理三例」ということばがあります。

ひとつの理屈、理論をわかりやすく理解してもらうには、3つの事例、具体例をあげなさい、ということです。

デール・カーネギーも、

- **質問すること**
- **具体例をあげること**
- **テンポ**

の3つを、話し方のポイントとしてあげています。

やはり具体例、事例をあげることは、名講師になるためには欠かせません。

しかもこの事例は、その場の思いつきではいけません。

聴衆を分析した時点、つまり研修の前にあらかじめ準備しておくと、あわてずに内容に合った適切な事例が提示できます。

事例には2つあります。

ひとつは共感事例

2つ目が説得事例

です。

共感事例というのは、聴衆に「共感してもらう」ことを目的としたもので、必ずしも研修のテーマに沿っていなくてもいいのです。

場合によっては、脱線ぎみの事例であっても、あなたの人間性に共感してもらうようなものであれば、「ネタのひとつ」「引き出しに入っているストックのひとつ」として準備しておいて損はありません。

これは、

- **あなたの得意なフィールド**でもいいし、
- **ウンチクやお得情報**

でも構いません。

「なるほど」「そうなんだ」と思わせることができればいいのです。

もちろん、聴衆分析をしっかりしたうえで、あらかじめ準備しておきます。

私の例をいくつかあげてみるので、あなた自身に置き換えて参考にしてみてください。

仮に、私が「製薬会社」で研修を頼まれたとします。

私の弟が製薬業界なので、弟に事前に電話をするなどして、事前の「共感事例」についての情報を仕入れます。

「今、どんなことに困ってるの？」

「最近、大きな話題って何？」

私がいるのは研修業界なので、当然弟のいるフィールドのほうが、この場合より身近な事例が出せるはずです。

結局、自分がくわしいホテル業界とのからみで、外資の参入についての事例を2、3あげたところ、受講者がググッと話に引き込まれるのがわかりました。製薬業界にも外資が次々に参入していたので、「自分のこと」として、共感して聞いてくれたのでしょう。

あるいは、プレゼンで私が「横に動く」という動きを見せながらデモンストレーションするときには、説得事例として、スティーブ・ジョブスの例を出しました。個人的には、私はアメリカという国があまり好きでないので、ヨーロッパのプレゼンターを出したいところですが、あくまで知名度とわかりやすさで、ジョブズやオバマなどを出さざるを得ないのですが、これは余談です。

つまり、共感してもらったり、説得効果を高めていくための「補強材料」として、事例、具体例は効果的ということです。

最後にもう一度繰り返しますが、その事例は、あらかじめ練り込んでおき、しっかりしたものを用意しておきましょう。

専門用語はどこまで使うか

事前に聴衆分析をする場合に欠かせないのは、「どこまで専門性のある相手か」という聴衆のレベルをチェックしておくことです。

そして、万一その時点で「自分が研修をするのはムリ」なことがわかったなら、それは決して断わることを辞すべきではありません。「ムリです」といったほうが賢いし、親切なこともあるのです。

私が以前、『仕事に役立つインド式計算入門』（フォレスト出版）という本を書いたときのことです。

ある団体から講演会の依頼が来ました。対象は数学のまったくの素人で、インド式の初歩の初歩がわかればいいでしょう、ということでした。

これはＯＫしました。事前の分析で、私の守備範囲だったからです。

ところが２回目、これは断わりました。

というのは、教育団体からの依頼で、受講者が全員、高校の数学の先生ばかりというのがわかったからです。つまり、専門的な話が私の理解の範囲だったとしても、「私が」彼らの専門性を上回る保証がなかったからです。

さて、専門用語は、受講者があなたのフィールドにくわしくない場合には、極力使わないのがルールです。

なるべく嚙み砕いて、専門用語を使うことは避けましょう。

しかし、相手がくわしいのなら、むしろそれは相手との共通項になってくれるため、適度に用いるべきです。「こいつは知らない」「わかっていないな」と思われないためです。

「どこまで専門用語を用いるか」は、事前の聴衆分析で参加メンバーの顔ぶれを見て、あなたがを判断しなくてはなりません。

私が、20代でヨガのインスラクターをしていたときのことです。ある企業の空手部にヨガの指導をすることになりました。

実は、私は空手歴のほうが長いのですが、「ヨガの先生」ということで指導に行ったのです。

彼らの空手の稽古の後にヨガの時間になりました。私の習っていた空手は直接打撃制で、彼らは伝統派（いわゆる寸止め）です。私は「空手を教えたほうがいいかな」などと思いましたが、ヨガの指導なのでヨガを教えました。

このときはついつい、たとえ話に空手用語を出してしまいましたが、彼らとの共通語なので共感してもらうことができました。

「ヨガのアサナ、通称ポーズの中のアクロバット的なものとか、ショーとしてやられているヨガは、位置づけとしては空手の試し割りのようなもので、そこでアッと思わせたらそれでいいのです」とか、「このコブラや弓のようなポーズで体を反らす型は、正拳中段突きのようなもので、ヨガでは基本中の基本で……」などと、ついつい空手用語が出てしまいました。

私は、その頃から実際に使えるかどうかという〝実践性〟を求めていたため、ヨガの日常での応用を中心に説いていて、それは今の研修にも役立っている気がします。

おそらく今の例でも、関係のない方には、専門用語の部分が何のことかおわかりにならないでしょう。

ですので、専門用語というのは、「わからない人」にとってはわけのわからない言葉であることを意識しなくてはいけません。

ひとつだけ加えると、やはり研修講師は、「さすが」「スゴい」というところを、嫌味にならない程度にさり気なく見せるべきなのです。

私は専門用語も少しは入れますが、その後、すぐにやさしいことばに置き換えます。すると、「この先生は、知っていてやさしく表現している」とわかりますから、まあ応用版として覚えておきましょう。

「同じことは、アリゾナ州立大のチャルディーニが、ああ、これは誰でもいいんですが……」とか、「リハーサルは、英語では暗唱という意味も含んでいますが、ここでは声を出しましょう」というようにサラリと使います。感じとしては、いつも専門用語や難しい用語を口にしているので、つい口から出てしまった、というように言います。

相手に、「へーエ、よく知っているなあ」と思わせたらいいのですが、たいへん効果的です。

ほとんどの部分は、聴衆に合わせて、ときにはさり気なく専門用語をサラリと入れるということもある、ということです。

研修中の分析

聴衆分析は、基本は研修の前に行なっておくべきものです。よりよい研修にするには、それだけでなく、研修をしている最中にも分析、判断は試みなくてはなりません。

「プロ」「デキる講師」は、研修を進めていく中で修正をしているのです。

事前の聴衆分析のことはよく言われますが、研修中にも分析するというのは聞いたことはないので、私のオリジナルかとも思います。私は通常、次の3つのタイミングで研修中の聴衆分析をします。このことは、実際に研修をしている人しかわかりません。くわしく触れてみましょう。

1 導入部分

2 合間の質問

3　振り返り

の3つの段階での分析です。

1．導入部分

ここで私は、簡単な自己紹介のときにギャグを入れます。「私の名前の幸夫は、歌手の橋幸夫と同じ字ですので覚えてください。どうぞよろしく。ただ最近では、橋幸夫の知名度がイマイチで……」などと言います。これで3分の1くらい笑うクラス、5、6人笑うクラス、まったくクスリともしないクラスなどさまざまです。

このように、30人いて3分の1くらい笑うクラスは、とても明るくて受け入れ態勢があるため、あまりウォームアップの必要はありません。

5、6人というときには、クイズを出したり、スライドを見せて少しリラックスしてもらうようにします。

そして1人も笑わないときには、意識して他の手法も加えながら、たとえばストレッチや、隣同士でテーマを与えて話をさせるなどして、さらにリラックスさせてから本題に入ります。

つまり、導入部分でいくつか自分なりのバロメーターを設定しておいて、聴衆を分析していくのです。

その研修のクラスの雰囲気は、事前のデータだけではわからないことが多いのですから。

2. 合間の質問

導入の後も、研修の合間にはいくつも質問を入れてみて、様子を見ながら理解度を見ることも大切です。

ただ、一方的に情報伝達をしてはいけません。必ず、反応を見ながら進めるようにします。

「大丈夫ですか?」

「おわかりいただけましたか?」

などと軽い質問にして、反応を見ます。

ここも、うなずきが多かったり、理解したムードがあれば先に進めるし、ちょっと?と思ったら、前に戻って復習してあげてもいいでしょう。

3. 振り返り

研修効果を高めるためには、ひとつの項目、1時間ごと、午前中というような講の切れ目に「振り返り」を行なうのがよいでしょう。

「では、この講でやったことの中で、自分の業務で活かせることをひとつあげてください」と質問したり、「書かせる」こともしています。

書かせたうえで、その気づきを「共有」してもらう意味で、少人数で発表させ合うこともします。

このような復習や振り返りを観察していると、だいたいの理解度がわかります。「よし、95％はOK」とか、「70％ギリギリだから、休憩の後もう少し説明しよう」というように活かせます。

聴衆分析は、事前に十分に行なっておくことによって、あなたの研修はワンランク上のものになります。

そして、研修中にも行なってみることで、研修は、より役に立つ、内容の濃いものとなるのです。

3章

この伝え方で名講師になる

- 双方向のコミュニケーションが鉄則
- 質問話法が道を拓く
- 目は口ほどにものをいう
- 視覚器材に頼りすぎないこと
- 危機管理を怠らない
- 聞かれていないのが普通と思え
- 何をよりも、どのようにを考えよ
- 研修は３つのＰが大切
  Personality Passion Presentation
- 受講者同士のコミュニケーションをはかろう

双方向のコミュニケーションが鉄則

研修講師は、専門分野の情報を「伝えるだけでいい」と思ってはいませんか?

しかし、それは大きな間違いです。ただの情報伝達だけなら、本を読む、DVDを観るだけでもいいかもしれません。

研修では、あえて「あなた自身」が伝えているわけです。そこに「あなたならでは」というものがなくては、講師が存在する意味がありません。

基本は、あなたが一方的ではなく、受講者との間で「双方向」のコミュニケーションをとっていく必要がある、ということです。

研修は、大切な「コミュニケーション」と心得ましょう。そう考えると、あなたが一方的にペラペラしゃべるだけでは不十分なのだということがわかります。

話し手と聞き手の間にはコミュニケーションが欠かせません。しかも、この2つは入れ換わります。あなたも、友人と会話をしているとき、話し手になったり聞き手になったりすることがあるはずです。

実は研修でも、あなたは「一方的な話し手ではダメ」なのです。

ここをしっかり押さえることができたら、あなたはその多大勢の研修講師と差をつけることができます。

・受講者の話を聞くこと

・受講者に話をさせること

そしてさらに進むと、

・受講者に教わること

これも、研修の面白さと言っていいでしょう。

・講師が話す

これだけが研修と思っている人は、まだまだ研修の初歩レベルです。

では、どうしたら双方向になるのでしょうか?

それは、受講者とあなた自身が対話をすればいいのです。私はいつも自然に対話をしていますが、どうしたら対話ができるのでしょうか？

研修講師と受講者という図式だと、どう考えても、受講者が研修中にペラペラ話しかけてくるということはありません。おしゃべりを仲間うちでするのなら別ですが。

言うまでもなく、あなたからアクションをとらなくては対話ははじまりません。と言っても、あなたからいきなり受講者に話しかけることはないでしょう。

「昨日の野球見ましたか？　いゃあ、すごい逆転でしたね。あれはピッチャーが……」

といったことはあり得ないのです。

当然、

1　研修の中身に関わること

2　質問をする

ここから、あなたと受講者との、研修の中での対話がはじまります。

しかし、友人とのタメ口の会話のようであってはいけません。これは「けじめ」でもあり、立場が違うのですから、礼儀を忘れずに丁寧に、を心がけましょう。
まずは、研修講師が受講者に質問を投げかけること。
ここから、双方向のコミュニケーションはスタートします。

質問話法が道を拓く

あなたが、研修講師として初心者であろうとプロレベルであろうと、欠かせない伝え方のスキルの筆頭は「質問」です。

あなたが質問をしないと、研修は一方的なものになります。

たとえば、質問をしないと、このような進め方になります。

「……ということで、私たちは人に好かれていると、相手の協力を得やすいのです。さて次に行きます」

と、説明しては次の項目、さらに次と、ただ一方的に情報を伝えていくだけになります。

同じ例でも、質問を入れるとこんな感じになります。

一番やさしいのは、その人がどう思うのかを指名して聞きます。あなたの分野に置き換えて考えてみてください。

「山田さんは、どう思いますか？」

「石川さんのご意見は?」

と、その人の考えをたずねます。その結果、

「そうですね、そう思います」とか、「たしかに、そういうことは多いですよね」

という形で、研修講師とのコミュニケーションがとれていくのです。

また、「たとえば、思い当たる例はありますか?」というように、さらに深めていく質問もあります。

すると、「えーっ……数多く訪問してくれると、ノーとは言いにくいですね」とか、「やっぱり接待されると、手伝う率は高いかな」などと、考えたコメントも入ってきて、さらに聴衆を巻き込むことができます。

上級編は、私がやっているのですが、「質問」を1人にだけするのではなく、研修の一部として質問して考えさせる、質問して書かせるというパートを設けるのです。

今の例なら、

「人に好かれると協力してもらいやすくなりますから、3分間で人に好かれる方法を書いてみてください、どんなことがありますか?」

というのが、すでに研修の中に入っているのです。この形だと、すでに双方向形になっ

ています。

質問を、上手に用いていくと、研修が活性化します。質問を使いこなすまでの３ステップを紹介しておきます。

質問を上手に使いこなす３ステップ

1. 疑問形で話をしてみる
2. 全体に質問を投げかける
3. 個別に指名する

1. 疑問形で話をしてみる

慣れるまでは、いきなり「竹下さんはどう思いますか？」、「鈴木さんのご意見は？」と聞くのは、頭でわかっていてもすぐにはできないものです。

シナリオの中に、「ここで質問」とか「Ｑ（ｕｅｓｔｉｏｎ）」というように下書きしておくこともやり方としてはあります。

ただ、人によっては「質問しなくてはいけない」となると、それがプレッシャーになってしまうこともあります。それでは、何のための質問か、となります。あくまでも、双方向のコミュニケーションをとる手段なのですから、そのことでやりにくくなってしまったのでは本末転倒です。

そこでまずは、「質問するのはちょっと……」と抵抗のある方にもできるやり方として、疑問形で話すことをしてみましょう。

疑問形を盛り込んでいくだけでも、かなり双方向に近くなります。

ですので、後は習慣にしてしまい、次のステップへと行けばいいのです。

「疑問形で話すというのは、どういうことでしょうか？」、「何となくわかる気がしませんか？」と、これが疑問形です。

ただ、質問のような形にして話をします。とくに答えも求めないし、改まった質問でもありません。

あえて言うと、「つぶやき方式」とでも言いますか。1人でボソッと問いかけるような言い方をしてみるのです。

「わからない方いますかね。たぶん大丈夫だと思います」という「わからない方いますかね?」というのが疑問形の話し方です。

少々作文をしてみて、リハーサルをするのもいいと思います。

2. 全体に質問を投げかける

次のステップは、一人ひとりではなく、全員に質問を投げかけるようにします。

何かをさせてみる、たとえば挙手してもらうというのもそのひとつです。

「みなさんの中で、メール処理に30分以上かけている人はどのくらいいますか?」とか、「上司にノーと言えなくて残業してしまった人は手を挙げてくださいますか?」

というやり方です。

これは、とくに答えを求めなくてもいいのです。先の「つぶやき方式」に似ています。

答えを求めないのは、とてもよい〝間〟になります。

「みなさん、どう思いますか?」という質問をすると、あえて答えない人が大半です。

たとえば、「みなさん、いじめはいいことだと思いますか?」とたずねたとき、イイエと首を振る人はいるかもしれません。しかし、声に出して答える人は少数です。

もし答えがなければ、少しの間にして、次に進めます。

また、話法として使うのなら、質問してからすぐに自分で答えてしまうやり方もあります。いわゆるレトリック（修辞）式です。

「いいことだと思いますか？　違いますよね」

という話し方になります。つぶやき方式と違うのは、つぶやいた後、すぐに自分で答えてしまうのです、自問自答の話法です。

応用として、慣れたら使ってみてください。

全体質問に答えが出たら、その人の答えに自分で解答していって、双方向のスタイルにできます。

「いいことだと思いますか？」「いや、よくないんじゃないですか」「そうですよね。ではどうしたらいいかを考えてみました」というようにつなげていくわけです。

3．個別に指名する

そして、あとひとつが「個人」を指名する質問です。

研修講師にとって、質問の役割は、

・双方向のコミュニケーション

に加えて

・話の展開をスムーズにさせる

・場を活性化させる

ということもあります。

展開をスムーズにさせたいなら、できるだけ「やさしい質問」をしてみることです。はじめは、こちらを中心に質問を盛り込んでみてください。

「佐藤さんは賛成ですか？」

「石田さんはどちらがいいですか？」

というように、イエスかノーで答えられるような「クローズド質問」がいいでしょう。

あるいは、2つから選ばせる、

「二者択一式質問」なら、その後のスムーズな展開が見込まれます。「シンプル」、「答えやすい」ものがいいので、これも準備してください。

仮に、「オープン質問」でさまざまな答えが出そうでも、「やさしい」内容ならいいでしょう。

たとえば、「人前での話し方で大切なことをあげてください、どんなものがありますか？ハイ田中さん」という質問なら、「そうですね、声の大きさですかね」「じゃあ、井上さんは？」

料金受取人払郵便

神田支店
承　認

8946

差出有効期間
平成23年1月
31日まで

郵便はがき

101-8796

511

（受取人）
東京都千代田区
神田神保町1—41

同文舘出版株式会社
愛読者係行

毎度ご愛読をいただき厚く御礼申し上げます。お客様より収集させていただいた個人情報は、出版企画の参考にさせていただきます。厳重に管理し、お客様の承諾を得た範囲を超えて使用いたしません。

図書目録希望　有　無

フリガナ		性別	年齢
お名前		男・女	才
ご住所	〒 TEL　（　　）　Eメール		
ご職業	1.会社員　2.団体職員　3.公務員　4.自営　5.自由業　6.教師　7.学生　8.主婦　9.その他（　　）		
勤務先分類	1.建設　2.製造　3.小売　4.銀行・各種金融　5.証券　6.保険　7.不動産　8.運輸・倉庫　9.情報・通信　10.サービス　11.官公庁　12.農林水産　13.その他（　　）		
職種	1.労務　2.人事　3.庶務　4.秘書　5.経理　6.調査　7.企画　8.技術　9.生産管理　10.製造　11.宣伝　12.営業販売　13.その他（　　）		

愛読者カード

書名

◆ お買上げいただいた日　　　年　　月　　日頃

◆ お買上げいただいた書店名　（　　　　　　　　）

◆ よく読まれる新聞・雑誌　（　　　　　　　　）

◆ 本書をなにでお知りになりましたか。

1．新聞・雑誌の広告・書評で　（紙・誌名　　　　　　）

2．書店で見て　3．会社・学校のテキスト　4．人のすすめで

5．図書目録を見て　6．その他（　　　　　　　）

◆ 本書に対するご意見

◆ ご感想

●内容	良い	普通	不満	その他（　　　）
●価格	安い	普通	高い	その他（　　　）
●装丁	良い	普通	悪い	その他（　　　）

◆ どんなテーマの出版をご希望ですか

<書籍のご注文について>

直接小社にご注文の方はお電話にてお申し込みください。宅急便の代金着払いにて発送いたします。書籍代金が、税込1,500円以上の場合は書籍代と送料210円、税込1,500円未満の場合はさらに手数料300円をあわせて商品到着時に宅配業者へお支払いください。

同文舘出版　営業部　TEL：03－3294－1801

「私は、話の構成を考えておくことだと思います」というように展開していくでしょう。

さらに場を活性化させたいのであれば、ちょっと「考えさせる」ような、あるいは「議論する」とか「意見が分かれる」ことをぶつけていきます。

ただし、これはやや応用編で、一番困るのは、「時間のコントロール」がきかなくなることです。

また、話が本筋から逸れてしまう危険もあるという点でしょう。ただし、これも講師と受講者の双方向コミュニケーションにもなります。

さらに、研修講師として必ずやらなくてはならない、受講者同士のコミュニケーションにもなるため、状況を見ながら入れてみてください。たとえば、こんな風になります。

「コミュニケーションで大切なことは、話すことと聞くことのどちらでしょうか？　山田さんはどう思いますか？」

「うーん、聞くことじゃないかな」

「山下さんは？」

「私は、やっぱり伝えないといけないから、話すことなんじゃないでしょうか」

「岩村さんは？」

「僕は、両方同じくらい大事だと思います」

というように意見が割れるでしょう。

すると面白いもので、人は「自分の意見の正しさ」を証明したくなります。

そこで、少人数で「話し合い」をさせると、受講者同士も盛り上がって、意見を活発に出し合いコミュニケーションがとれるのです。ちなみに、このときには「研修講師」の存在は受講者の意識から消えてしまいます。つまり、受講者同士がメインになるのです。

これをただ、「コミュニケーションは、話すこと以上に聞くことも大事です。では、次にいきます」とやるのと比べてみてください。研修講師としての評価も、研修効果もまったく違ったものになります。

私は長年のキャリアで、一方向のやり方、教え方がどんなにダメなのかを体験してきているため、質問方式をどんどん取り入れることをお勧めしています。

➘目は口ほどにものを言う

研修講師が受講者の目を見る「アイコンタクト」は、今はほとんどの受講者も知っている用語になりました。

プレゼンテーションの研修で、人前での話し方で大切なことをたずねると、4、5年前から「アイコンタクト」と答える人が必ずいるようになりました。

ここも大切で、受講者のレベルもどんどん上がっていきますから、研修講師は日々自己研鑽に努めて自分を磨いて修行していかないと通用しなくなります。

アイコンタクトの大きな目的は、

・**双方向のコミュニケーションをとるため**

です。

これは当然です。もし、スクリーンに向かって話していたら、受講者とのコミュニケーションはとれません。

双方向にするには、「目が合っただけ」のアイコンタクトでは不十分です。ですので、頭の中でゆっくり「1、2、3」と数えながら受講生の目を見つめるようにします。

理想は3秒と言わず、その人と「会話をしている」つもりで、長く見ていてもかまいません。

それをまた他の人にも、さらに他の人と繰り返していくと、個別に対話しているような雰囲気になり、講師としての評価はグンと上がります。

また、アイコンタクトの目的はそれだけではなく、

・ヤル気、自身を示す

こともできます。

「ここがポイントです！」と言いながらアイコンタクトをするのと、そのまま下を向いてしまうのとでは、自信やヤル気の伝わり方が違います。

「ここぞ！」というところは、必ずしっかりとアイコンタクトをしてみましょう。

現実のアイコンタクトは、自然に会話をするように聴衆の目を見ながら、要所要所で強いアイコンタクトを盛り込むやり方です。

これはマネしなくていいのですが、私は今こんなやり方をしています。聴衆の目を見て、強いアイコンタクトはいつでもできますが、あえてしばらく「アイコンタクトしない」のです。できないのでなくて、わざとしないのです。

これは、ポイントの直前などによくやります。

今までしっかりアイコンタクトをしていたのにやめたため、言葉で言うと、

「何で、こっちを見てくれないのかな」

「もっと、こちらを見てほしい」

というムードになります。

私はこれをキャッチして、少々焦らせるのです。

人間の見える領域は広いですから、私は目を聴衆からはずしていても、「聴衆からの視線」はよくわかります。

そして、十分に〝タメ〟をつくって、ギリギリまでもっていってから、ポイントになるとパッと顔を上げて、強いアイコンタクトをするのです。これには聴衆はイチコロですね（笑）

「松本先生、こっちを見てくれないかな」

「見てください」

というギリギリまで見ないで、突然パッと見るのです。こんなアイコンタクトの使い方もあるということもおぼえておいてください。

1．双方向のコミュニケーション

2．ヤル気、自信を示す

というものに加えて、アイコンタクトの大目的の3番目は、聴衆を観察する、ということです。

観察というと変ですが、聴衆の理解度、反応をよく見るということです。

これは、アイコンタクトをしていないとわかりません。

「ちょっと難しいと思っているな」

「単に反対している」

「納得していない」

などというのは、アイコンタクトをして観察しながら、研修講師は気づかなくてはなりません。

感動したための、水を打ったような静けさなのか、あるいはシラけているのかは、アイコンタクトをして見抜いていかなくてはなりません。

ちなみに、「笑顔」「うなずき」「メモをとる」という聴衆が多いほど、あなたの研修は受け入れられているため、よく観察してみましょう。

視覚器材に頼り過ぎないこと

グラフでデータを示す、現場の状況を動画で見せる……。

言葉だけでは説明しきれないことも、視覚器材を用いると、より「わかりやすく」伝達することができます。

しかし、それは「あなた自身」「講師自身」ではありません。

スライドそのものに、「あなたの人間としてのヤル気」「暖かさ」「情熱」などということは入り込まないのです。

視覚物は視覚物であり、あなたそのものではありません。

あなたがメイン、視覚物はサブ――これを忘れてはなりません。

ですから、あなたが中心に話をするのが研修です。また、受講者も「考え」「話をする」ことも大切です。

視覚物というのは、

・話だけだと理解が不十分になるとき

・**話では説明がつかないとき**

に絞り込んで、補助的に用いましょう。

「タテ175センチ、ヨコ225センチの黄色と黒のタテジマの箱が……」

などというのは、スライドで見せればいいでしょう。

あるいは、要点をまとめたものを再確認の意味で映すような使い方も、聴衆の理解を助けるという意味では効果的です。

ところが、スライドをメインにして、スライドの説明会のような研修をしたらどうでしょうか？

実は、この手の「研修講師不在」の研修もあるのです。はっきり言って、それなら1日中ビデオを観せていればいいのです、誰がやったって同じというのでは、あなたが研修をする意味はありません。

私は時間の効率化のため、スライドは意図だけを示して、作成は任せてしまうことが大半です。

私の仕事は「創作」であり、クリエーターだと思っているからです。

スライドの「製作」は他の人のフィールドなので、あくまでも研修講師としてのスキルアップ、話術に磨きをかけて研究していくことに時間をかけています。

もし、大切な視覚物はあるかと聞かれたら、あなた自身が視覚物です、と答えます。あなたの人間性を、魅力を、ヤル気を、生きた〝視覚物〟として見せていきましょう。

ひとつの課題としては、「なるべく、言葉で上手に説明する」「言葉でわかってもらう」ように心がけてください。

実物や現場を見せる必要があるときには、視覚物でもかまいません。

しかし、こちらがメインになると、研修ではなく上映会になりかねないため、使う部分はしぼり込むことを忘れてはなりません。

↓危機管理を怠らない

研修講師としては、物事を肯定的に考える人になりたいものです。

万一失敗しても、「よし、これを活かして次は改良しよう」「もっとよくするためのいい経験だ」ととらえられるような人でありたいものです。「もうダメだ」「私には能力なんてない」とは考えないようにしましょう。

しかし、この肯定的に考えることと、リスクに対して備えることとはまったく別のものです。

何の対策もなく、「うまくいくよ」「大丈夫」などと言うのはただの楽天家であって、これでは研修講師は務まりません。

事前のリスクマネジメントとして、せめて「代案」は準備しておきましょう。

事前に必要品のチェックリストをつくり、一つひとつを確認しておくことも、怠ってはならないことです。つまり、「忘れ物、モレを防ぐ」のです。

これを、はじめから徹底して習慣にするのです。

忘れ物をすると、それだけでパニックになってしまって、研修に響いてしまうこともあるほどです。

私は、忘れ物をしてそれに対してどう自分自身が対処するかを観察することも楽しくて、いわば第三者的に自分を見るために、わざとチェックリストを見ないこともあるのですが、これは上級になるまでガマンしましょう。


こういう場合にはどうするのか、ということは、あらかじめマニュアル化しておきます。本当に少ないことですが、天変地異やアクシデントの類いもまったくのゼロではありません。

私も過去2回、大きな地震はあったし、参加者の乗る空港がハイジャックで閉鎖ということもありました。

こんなときには、「すぐに司会者にバトンタッチする」とか、「休憩時間にしてしまう」といったことを、スマートにできるようにあらかじめ想定しておくのです。

研修のリスクマネジメントの想定の中で欠かせないのは、研修講師のあなたへの反論や否定的な質問です。

これにうまく対処できないと、研修そのものの評価も下がりかねません。

つまり、研修の中身はよかったものの、ラスト3分の嫌な質問でムードがぶち壊しとなって、印象が悪くなるからです。

ですから研修で、「ここは論理性が弱いな」、「ここはデータが少ない」、「この部分は質問が出てもおかしくない」という部分を、あらかじめ見つけておきましょう。

そして、自分で自分の研修に対する嫌な質問、足を引っ張るようなネガティヴな内容の質問を考えるのです。

「予算がないからムリ」とか、「キャリアが浅いと現実にはできない」、「前例がないからできない」といった類いのものです。

そして、その質問に対する

・答えと裏付けを用意しておく

のです。

またもうひとつは、

・**答えを先に研修に入れてしまう**

ということです。つまり、あらかじめ出そうな否定的な質問を封じ込めてしまうのです。

つまり、嫌な質問が出てから、「予算については別枠で150万円取っています」「私どもの町田営業所で、3人を試験的に採用しています」と答えるのが、ひとつのやり方です。

ただしこれは、

・**想定した嫌な質問が出る→その後に答える**

という流れなので、時間が取られます。

そうではなくて、あらかじめ先手を打つのもリスクマネジメントです。

「……と言いますと、予算がないではないかと言う人もいますが、実はすでに150万円とっているのでご安心ください」

「キャリアが浅くて無理という人がいるかもしれませんが、すでに3名を試験的に採用してみたところ問題はありませんでした」

というように、出そうな質問を封じ込めたなら、リスクはかなり下がります。

聞かれていないのが普通と思え

研修講師には、忍耐も欠かせません。

とくに、「えっ、聞いていてくれなかったんだ」ということは少なくないため、ここはガマンです。

あなたが真剣にやれば受講者も真剣、ということはありますが、「一字一句が聞かれている」とは思わないようにしましょう。

むしろ、受講者は自分自身のことで頭がいっぱいで、「聞いていなくて普通」だからです。

私は今でも、そういうことは体験しています。30人のクラスなら、1人や2人は必ずそういう人がいます。

と言っても、他の90%以上の人は聞いてくれていると安心してもいいでしょう。

研修の導入部分で、クイズを出して頭のウォーミングアップをすることがあります。

そこで私はこう言います。

「と言っても、若いからできるとは限りません、私には大学生の娘がいるのですが、中学生のときにやらせたところ、やっぱり間違えましたから……」

などとサラリと言います。ここで多くの受講者はクスクス笑いますが、安心はできません。

その直後の休憩時間に、「松本先生、楽しい研修ですね。とても役立ちます」などと話しかけてくる受講者がいます、そしてこう言うのです。

「ところで松本先生、お子さんはいらっしゃるんですか?」と。

唖然としますが、この手のことは研修をしているとよくあります。

ですから、「聞かれていないのが普通」と、まずは割り切ることです。

話したからと言って、聞かれているとは限らない。そう思いましょう。

ということは、肝心なのは「聞いてほしいことや覚えてほしいことは繰り返し伝える」こと。

これが鉄則です。

↓何をよりも、どのように、を考えよ

私は、時間が許すと講演会に行ったり、ミュージカルやクラシックなどを聴きに行きます。

これらはある種、多人数向けの「プレゼン」にも通じるため、落語や舞台なども観ます。するとと面白いもので、まったく同じ曲を演奏していても、まったく同じテーマのミュージカルでも、演者によってまったく違うのです。

古典落語でも、若手の真打ち前と名人では、まったくその「味わい」が異なります。

これは、この後で述べますが、人柄、人物、パーソナリティの差が大きいのです。

またもうひとつ、「伝え方の差」も小さくありません。

伝え方には、落語なら声の大小、スピード、間のとり方、仕草、表情など、さまざまな要素があります。

研修も同じです。仮に、あなたと同一のテーマで先輩講師が研修をしたとしても、先輩の講師のほうが、わかりやすくて上手なのです。

また、〝味〟が出ていることも多いでしょう。

ですから、結論から言うと、「何を伝えるのか」というのは、シナリオをつくって構成を考えるなど、事前に時間をしっかりとる人が多いでしょう。

しかし、「どのように伝えるか」については、あまり気配りをしていない講師がほとんどです。

とくに〝初心者〟は、ほとんどそうです。何を伝えるかについては、スライドを細かく作成して、データがああだこうだやります。しかし、「どのように」についてはこれっぽっちも考えません。まあ、それがごく普通なのでしょうが。

あなたは、少なくとも松本式を身につけて、「何を」だけでお終いにせず、「どのように伝えるか」についても工夫を加えてみましょう。

それは、視覚物を使うかとか配布資料がどうというだけでなく、「ここで長くアイコンタクトする」とか「ここは大きなアクション」、あるいは「ここで3秒間の間をとる」というような伝え方、デリバリーの具体的な点まで、あらかじめ考えておくことを意味しています。

名講師になるためにも、ぜひ「どのように伝えるか」まで、研修の〝前〟に考え、場合によってはリハーサルまで行なっておきましょう。

そうなると、はじめから「セミプロ」の感覚で伝えることができ、「あの人は違うね」と言われるはずです。もちろんいい意味で、です。

研修は3つのPが大切

私は、研修に大切な3つのPをあげています。それは、

Presentation
Personality
Passion

です。プレゼンテーション能力、伝え方の技術というのは、これらがなくては研修講師は務まりません、あるいはプログラム（内容）のPも大切です。中身があるのは大前提だからです。

そして人柄、その人のキャラクターやパーソナリティーは、「あなたの研修」にするためには不可欠なのです。

最近では、カリスマとかプロ講師は少なくなってきていて、研修の内容で、「それなり

にこなせたら誰でもいい」という風潮です。

しかし、これは困りものです。

私たちは、あくまでも「中身」「品質」で他の講師とは違うんだ、という自負心のある研修講師になりたいものです。

「誰がやっても同じ」なら、何もあなたが研修講師をする必要はありません。あなたにしかできない研修、それにはあなたの人柄、パーソナリティーを「表に出す」ことを心がけましょう。

私は、あえて家族の話や趣味の話などをしています。それでこそ、「私の研修」になるからです。執筆の打ち合わせでもそうなので、今はかなりの編集の方が事前に私のことを調べてくださっていて、話題を出してくれるので楽しくなります。

「先生は、スペインのワインもお好きでしたよね?」「赤派でしたね」などと言われると、すぐにその人を好きになってしまう悪いクセがあります。

さて、伝え方、人柄ともうひとつ研修講師に大切なことは何でしょうか?

それはパッション、熱意、情熱です。

エンシュージアズムも熱意を意味しますが、どちらかと言うとその日の研修に熱意をもって取り組むようなものは「短いスパン」と、私は勝手に判断しています。

ですから、「研修」そのものを愛して、日々「どうしたらもっとよくなるか」を考えて改良して、マイナーチェンジは当たり前で、ときには大きく改革していく志（＝エンシュージアズム）――これなくして、研修講師は務まりません。

この３つのＰを、あなたは常に念頭に置いて、研修を進めていきましょう。

受講者同士のコミュニケーションをはかろう

あなたには、意識して「受講者同士のコミュニケーション」をとってもらいたいと思います。

はっきり言うと、これが「松本式」の大きな核であって、これこそ研修講師がめざす高みだと思っているからです。

これまでお話してきたように、まずは、研修講師と受講者の双方向コミュニケーションが大切です。

しかし、これだけでは不十分で、受講者同士の双方向のコミュニケーションをとらせること、ここがポイントです。

これを十分に行なっておくと、必ず研修に対するアンケート評価は上がります。

つまり、受講者の満足度がまったく違ってくるのです。

あなたは講師として、受講者に話したいことはたくさんあるはずです。

しかし、それとまったく同じように、受講者も「話をしたい」のです。

それについて、「現時点」での私のやり方が、参考になるかもしれません。ただし、常に私は改良しているため、もっと他のやり方も開発していく気でいます。

２日間の研修で、参加者は30名前後。私が、年に１５０〜２００回行なう研修のほとんどはこのくらいのスケールです。

以前は、１日目と２日目で席替えをしていました。ほんの「気分転換」程度のつもりでした。

しかし今は、ひとつの項目ごとに席替えを行なっています。つまり、日に5、6回は隣席の人が入れ替わるように工夫しているのです。２日たつと、ほとんどの人と「会話」を交わすことができ、お互いに「親しく」なることができます。

また、交渉の研修で交渉の相手役とのペアワークをする際には、いろいろな人と交渉することで、技術が身につきます。現場では相手を選んでいられないため、研修の中でそのリハーサルもできるわけです。

今では、さらに研修者同士をリラックスさせるためのスキルをたくさん開発したので、

私はむしろ「盛り上がりすぎ」をコントロールしなくてはなりません。ペアの人と、

- **制限時間内にお互いの共通点を見つけ出す**
- **第一印象を見て、実際との差を話す**
- **小学生の頃の話をさせる**
- **ジェスチャーだけで、何を話したか当てさせる**
- **20年先の自分自身について語ってもらう**

など、まだまだあります。

これを、席替えのたびに1、2分だけ行なっても、1日わずか15、6分ほどしかかかりません。この時間が、受講者同士の「交流」を深めて、短時間で親しくなれて、研修そのものも受け入れられるようになるのです。

あなたの研修講師としての実力は、「受講者同士がどこまで親しくなれるのか」でよくわかります。

研修時に、受講者たちが「親友」のようになり、帰りに飲みに行ったり、同窓会をつくるようになっているでしょうか?

4章 教えることは学ぶこと

- 受講者から学ぶ態度をもつ
- 「教えてください」と言えるか？
- 自分の考えには枠、癖がある
- 現場で使うことを意識してもらう
- 正解はひとつではない
- 情報伝達型でも考えさせる
- ひと言ですむことを10分かける
- 基本も再チェック

受講者から学ぶ態度をもつ

受講者と研修講師は、どのような関係でしょうか？

研修講師が先生、受講者が生徒という、上から下への一方向での関係。

これは誤りです。一方向に近いのは、マナーやあいさつのようなことや業務や会社の「ルール」を教える新入社員研修の一時期でしかありません。

参加型で、受講者から引き出す教え方がいいと、よく言われます。「考えさせる」進め方です。しかし、これも〝万能〟ではありません。

仮に、まったく「礼」の仕方を知らない相手に、「さて、お辞儀は何度の角度でしたほうがいいと思いますか？」などとやってみたところで意味がないのです。「礼は45度でしましょう」と、一方的に言わなくてはならない中身もあるわけです。

そんな中でも、「受講者から学ぶ」ということを常に念頭に置いて進めることは大切です。

わかりやすく言うと、受講者を「バカにしない」ということです。

あなたが研修講師をしていたら、その道に関しては、受講者よりも「上」で知識も豊富なはずです。

しかし、それでも十分に相手から「学ぶ」ことはあるものです。

あるいは、研修をしていくうえでの〝ヒント〟になることもたくさんありますから、意識して、受講者から学ぼうと思ってください。

たとえば、私が50問の、自分自身の交渉の仕方のチェックリストを書かせたときのことです。

「あなたは交渉が得意ですか？」

「交渉中、怒りを感じたときにコントロールできますか？」

などといった設問に対して、５段階で自己評価をしてもらうものです。

たとえば、今の例なら「交渉が嫌いであまり得意でないから２」とか「自分ではまあ上手だと思っているから４」というようにします。

この後、グループで発表させるのですが、その前に集計をしてもらいます。集計表は４人１組のグループでまとめるため、サンプルを見せます。

「山田さん、１番に何点つけましたか？」

「ハイ、5です」

「中村さんは?」

「2です」

というようにたずねていきます。それを集計表に書き込むのですが、ただ「鈴木さんは?」とやると、意味をとらえていない人がいます。

「鈴木さん1番は何点をつけました?」と言っても「……?」なのです。

つまり、意味をつかんでいないのです。

このとき、「なぜわからないのか!」と言ってはいけません。

「相手がわからなかった」のですから、あなたはわかりやすい説明の仕方に、もうひと工夫が必要ということになります。

私は、

- **視覚物を使う**
- **丁寧に説明する**
- **いつも以上に観察しながら進める**

ようにしました。

いつもなら、「1番は何点？」としていたのを、「林さんは、50のチェックのうちで、1番の問いには、5段階で何点をつけましたか？」という説明をするようにしました。その後も「ハイ、山本さんは？」とやらず、「山本さんは、5段階で何点ですか？」と丁寧に進めるようにしたのです。

これはひとつの例ですが、わからない受講者がいたら、自分の研修の進め方のヒントにしてしまうこと、学ぶという感覚はつかめたことと思います。

受講者から学ぶ態度をとっていると、あなたはとても謙虚に見えて、好印象を与えるというメリットもあります。

・上から教えてやっているんだ目線
・受講者から学ぶという謙虚な態度の目

どちらがいいのかは、言うまでもありません。
さて、ではどのように学びとっていくかをさらに深めていきましょう。

「教えてください」と言えるか？

私の研修中の口癖は、「教えてください」です。

えっ！　と思いますよね。受講者が講師に対して、「教えてください」と言うのならわかりますが、逆なのですから。

たとえば、こんな場面で使います。

「他にアイデアありませんか？　わかった人は挙手をして教えてもらえますか？」

「この答がわかる人。わかった人は○○さん、教えてください」

というように、研修講師の発する言葉の中に、あえて「教えてください」という言葉を入れるのです。

今の例でも
「ハイ、○○さん」

「わかった人は手を挙げて」

でもいいわけです。が、あえてそこに、「あなたの考え方を、なぜそうなのかを教えてください」という意味で、ひと言「教えてください」と口にするのです。

旧来型の、「上から目線」の先生には、絶対に口にできない言葉でしょう。

それでもあえて、口にするのです、「教えてください」と。

また、研修をしていると、自分でも本当にわからないことが一度や二度は出てくるものです。

さあ、このときにどのように対応するのでしょうか？

もし、「上から目線」でいたら、「わかりません」と言うのは気恥ずかしくてできません。

「あれほど偉そうにしていたのに、わからないのか？」

と言われてしまうのが恐いからです。

もちろん、何でもかんでもわからないのでは講師失格です。

ただ万一のときに、マジックフレーズである「教えてください」を付けるのです。

「そこの点は、私にはよくわからないんです。どなたかお気づきの点を教えてください」

むやみに乱発するのではなく、本当にわからないときに、受講者にたずねることは恥ではありません。
いい加減な答えを言うよりもずっとマシです。

余談ですが、これはコミュニケーションがぐっとよくなるマジックフレーズでもあります。

子供とのコミュニケーションをよくしたければ、「このゲームのやり方わからないんだ。教えてくれるかな?」と言えば、子供は喜々として教えてくれるはずです。

部下に対して、「ちょっと、ここのグラフの作成の仕方教えてよ」と言うと、部下は内心喜んで、上司に教えてくれるはずです。

タクシーに乗ったら、運転手さんに「教えてほしいんですが……」といって、いろいろと質問してみてください。降りる頃には、とても仲よくなっているはずです。

つまり、私たちは「人に何かを教える」ことそのものが好きで、いつも「教えたい」という潜在意識があるのです。

だから、それをあなたが「教えてください」ということで満たしてあげるのです。

自分の考えには枠や癖がある

私たちは、いくら「自分は柔軟だ」「頭は柔らかい」と思っていても、考え方には癖や枠があるものです。

「そんな考え方もあるのか！」というのは、私が毎日のように研修をしていていつも感じることです。

また、１００人が同じということはなく、人によって感じ方はマチマチということもよくわかります。

いささか手前ミソですが、私の研修後のアンケートの評価は高いのです。

ところが、仮に30人中29人が「とてもよかった」と言っているのに、「普通」という人が、必ず１人や２人はいるものです。

最初の頃は、どうしてもこれが納得できませんでした。

「この研修で『普通』なら、どうしたら『よい』になるんだ！」

などと憤っていました。

しかし、その人は本当にそう思ったわけですから、相手がそう思うのをこちらは否定できません。

これが、29人が普通で、1人が「とてもよい」なら、「いかん、このままでは。もっとがんばろう」というモチベーションを上げる力になるかもしれません。

しかし逆ですから、どうしても私は納得できなかったわけです。

「どこが普通なんですか?」と、直接たずねたい気もしました。

でも、今はよくわかっているので、「そう思ったんだ」「なるほどね」とサラリと受け流しています。

私は、自分の研修には絶対の自信があるので、90点主義でのぞみます。つまり90%の人が「とてもよい」ならそれでOK、ということです。

あとはその人によって感じ方や考え方はさまざまですから、「松本幸夫? 嫌い」「あの教え方は嫌」という人がいてもおかしくはないのです。体験上、私の場合は1割以上はいかないのですが、あなたがはじめて研修をするなら、50点でOKというつもりで臨みましょう。

100パーセント正しいというのは、コミュニケーションにはないのです。

100パーセントを求めると、それがあなたの考え方の「枠」になってしまいます。

たとえば、「ほめる」のはコミュニケーションをよくするのには有効ですが、なかには「ほめられるのが嫌い」という人もいます。そんな人をほめると、嫌われてしまうことにもなりかねません。

私がここで言いたいことは、あなたにも受講者にも、考え方には枠や癖があるということです。

ですから、受講者全員に好評価を得ようと思わなくてもいい、ということです。

まずは手はじめに、半分の人に受け入れられたらいい、というくらいのつもりで肩の力を抜いて研修をしましょう。

また、予想外のとんでもない答えでも、「そうですか、そういう考えもあるのですね」と受け止めるにしましょう。

研修の項目には「意図」があります。

たとえば、クイズなどをさせるなら、「頭のウォーミングアップ」という意図があります。

午後にストレッチをしたら、「食後の眠気を取り去って集中力を高める」という意図があります。

私はこれを、あらかじめひと言口にしています。

「では、まだ頭が固い人もいるでしょうから、ちょっとウォームアップです」

などと言ってから、クイズのスライドを見せます。

ところがなかには、クイズそのものでない所に目を向ける人がいます。

休憩中に、「松本先生、あのクイズですが、正確にデザインすると、あの形にはならないんですが……」

と、クイズの中身でなくて、クイズの解答について、「正しくはそうならない」という人がいました。もちろん、こちらの意図からは外れています。しかし、その人を「おかしいですね」「そんなところはクイズとは関係ない」と言ったらどうでしょうか？

その人はそう考えたので、「なるほど、正しく書くと違う形になるのですね。鋭いですね」という形で答えました。

あるいは、価格交渉のケースをペアでさせていて、スライドの説明文に「価格以外の交渉をすること」というひと言がありました。

その前には大きく、「買い手側は安く買うこと、売り手に回ったら高く売ること」ということも書いてあります。

メインが「価格交渉」であるというのは、100人が100人わかるはずだと思います。ところが、やはりわからない人もいるのです。

価格がいくらで決まったのか、交渉のペアのケースの後で発表してもらいます。

今までに、本当に1グループだけでしたが、

「あっ、価格以外の交渉をすることと書いてあったので……価格交渉もするんですか？」

という、考えられないことを言った人がいました。

「バカなやつ」と思うでしょうか？　研修講師はそう思ってはなりません。

現実に、そう考えた人がいたのです。それは認めなくてはいけません。そこで私は、表記を改めました。

「価格以外の交渉をすること」

↓

「価格以外の交渉もすること」

現場で使うことを意識してもらう

研修は、受講者に考えさせるという場面やパートを設けると、「セミプロ」です。
そして、受講者とともに考えることができたら「プロ」になることができます。

あなたは、まずは「中身を伝えること」に一所懸命なはずです。もちろん、これは大目的です。

研修の中身が相手に伝わらなくては話にならないのは、言うまでもないことです。

でも、なるべく早いうちに、「受講者に考えてもらう」工夫をしてください。
一番いいのは、研修の項目の中に「考えさせる」項目を入れることです。
たとえば私だと、「人前での話し方で大切なことは何でしょうか？　3分間で10個以上書き出してみてください」とか「ここに、ひとつだけオレンジがあります。あなたはひとつほしいのですが、隣の人もひとつほしがっています。さあ、どうしたら2人が満足、納得できる結果になるでしょうか？　アイデアを7個以上、3分間で書き出してみましょう」

というような形にします。

ちなみに、私は自分の体験の中で、

・3分間

と時間を制限したり、

・書き出す

ようにして、見える化することにたどりつきました。

はじめはただ、考えてみましょう、とやっていたため、なかにはきちんと考えない人がいるのがわかったからです。

今ではひと言、「3分後に意見を発表してもらいますので、書いておいてください」とつけ加えています。これで、100パーセント全員が考えるようになりました。

このあたりのノウハウは、やっている人にしかわかりません。

ただ、簡単に得たものは、その価値がわからず失いやすいこともあります。

考えさせるのを徹底するために、

・テーマを与える
・時間を切る
・書かせる

のが大切なことは、忘れないようにしてください。

考えさせることを研修の中に盛り込むと、受講者は受け身の「他人事」という態度ではなく、前向きに「自分のこと」としてとらえるようになってきます。

さらにプロになるには、次に「ともに考える」ことをします。

その中でも「研修の中身を現場で、仕事の中でどう使うか」をともに考えることが、大きなポイントになります。

これができるようになるまでにと言うか、まずは「気づく」までには何年もかかります。また、気づかずにプロになれない講師もいるほどです。

「現場でどう使うか」

これをともに考えて、いい答えが出たら、あなたは研修講師として「黒帯」になれます。

私は武道と同じで、研修講師の黒帯ですが、自己採点ではまだ高段者、名人にはなっておらず、現在そこをめざしている途中です。

この現場で使える、というのは研修だけでなく本でも同じです。

あなたは、なぜ本書を手にしたのでしょうか？　おそらく研修講師を頼まれたり、これからライフワークにしたいとか、やはり「現場で使えるスキル」を身につけたいからでしょう。

これは、あなたの研修の受講者も同じです。

教えることは教える
教わることは教わる
ともに考えることはともに考えよう

という研修講師の格言があります。

これは誰の言葉かご存知ですか？

私です(笑)。少しおこがましいのですが、私は研修講師のプロとしてそう信じています。

教えることをただ教えるだけでは、何年キャリアがあっても研修講師のアマチュアでしかありません。また情報を伝えるだけなら、ビデオやＤＶＤを観せればいいでしょう。講師は必要ありません。

受講者に教わるだけの謙虚さをもって考えさせて、さらにはともに考えていくこと、ここまでいけばプロになれます。

プロの尺度は、

1　受講者に考えさせているか

2　受講者とともに考えているか

なのです。

↓正解はひとつではない

ではここで、「ともに受講者と考える」例をあげてみます。もちろん、あなたの例に置き換えて考えてみてください。

たとえば、交渉の研修で、「初回提示の条件、価格は大きく」という中身を伝えたとします。これを捕捉して、「大きくと言っても、相場の範囲でということは言うまでもないことです」と言ったとします。

たとえば、売り手が80〜100万円くらいの商品を、「105万円で買ってください」と言うのは、「相場の範囲で」「大きく」なるわけです。

ここまでは中身、理屈ですが、さあこの先が「ともに考える」ことになります。

「では、あなたの営業の現場だったらどうなるでしょうか?」

と考えさせながら、私自身も「彼らが現場で使うとしたらどうなるか?」と考えてみるのです。

　すると、「考え」はいくつも出てきます。


「たしかに幅をもって提示するのはいいと思います。でも、先に提示すると、こちらの手の内がわかってしまうので、後から出したほうがいい気もします」

「私は、やはり先に大きく目に要求して、相手に心理的に揺さぶりをかけたほうが、有利な交渉ができると思います」


　どちらも間違いではないでしょう。

　私も、もちろん一緒に考えています。フランスのカルフールの例などを出しながら、「短期決戦か長期かによっても、やり方は変わることがありますね。みなさんは短期、長期、どちらの戦略が合っていますか？」などと再び考えてもらい、自分でも彼らはどちらなのかを考えていきます。

　すると、状況によって戦法を変える、という案も話の中で出てきて、「それもいい」となることもあります。


　つまり、正解は必ずしもひとつではない、ということです。

ひとつだけと思うと、どうしても研修講師は「教えよう」としたがります。

しかし、正解はひとつではない、となると相手に考えてもらえるし、自分自身もともに考えるようになります。

また、さまざまなアイデアを「受け入れる」という心の余裕にもつながります。

情報伝達型でも考えさせる

私は20才のときに、ヨガのインストラクターをしていました。

文化センターや道場で指導していたし、２つほど教室経営もしていました。当時はヨガブームで、教室を開くとすぐに満員という状況でした。

ただ、今振りかえってみると、「一方的」だったなと思います。

たとえばこんな感じでした。

「それでは、コブラのポーズに移ります。うつ伏せになって両手は胸の横に置いて、手の平で体を支えるようにして、ゆっくりと息を吸いながら上半身だけをあげていきます。一杯になったらゆっくりと息を吐きながらおろします。意識はポーズ完成時に、のどに置きます」

もちろん、デモンストレーションをして、やり方を見せます。

しかし、情報伝達型で「一方的」だな、と今では思います。

今なら、「意識はのどに置きます」とは言いません。

「さて、体を反らしている最中ですが、どのあたりに刺激がいくでしょうか?」

と、全体質問をして考えさせます。

「○○さん、どうですか?」

「○○さんの考えを教えてください」

と指名質問をします。

「のど、ですかね?」

「首の後かしら」

とさまざまな答えのあとに、「伝統的に、チャクラのある位置とされている喉に意識を集めるとよいと言われています」と、私から改めて説明します。

これを繰り返していけば、さらに参加者の身についたはずです。

あるいは、「1日に何回くらい行なうといいのでしょうか?」「時間帯はいつですか?」

というように、自分もともに考えながら進めていけばいいのです。

これは、コブラのポーズに限らないのはおわかりいただけると思います。

つまり、相手は「コブラのポーズ」のことはまったく知らないのです。

相手が知らなければ、教えるだけで仕方がないと思うかもしれません。

しかし、そうではないのです。仮に、相手の知らないことをあなたが「伝える」「教える」しかないように思えても、「考えさせる」「ともに考えていく」のは十分に可能だということです。

最初は質問していくだけでもいいのです。あなたの研修は、ガラリと変わるでしょう。受講者は考えることで「研修に、自分も参加している」という意識が持てるようになるからです。

↓ひと言ですむことを10分かける

研修講師の説明は、これでもかというくらいに親切、丁寧に行なう必要があります。基本的にはサッと1回言っただけでは、3分の1くらいしか伝わっていないと思ってください。2回、3回と繰り返して、ようやくわかってくれるのだと知りましょう。

極端に言うと、ひと言ですませずに、とくに大切なポイントには10分かける、そのくらいで丁度いいのです。

これは受講者が「聞いていない」というだけでなく、音として耳から入っても「わかっていない」「理解していない」と思ってください。

講義を、電車の車内放送や街頭の演説のような、ただの「音」と思わせてはならないのです。

もちろん、すべての受講者はそうというわけではないし、研修のすべてを「音」として聞き流しているのでもありません。

しかし、少なくともポイントだけは「わからせる」ようにしなくてはなりません。そのためには10分かけて説明する必要があるのです。

たとえば、ひと言で言えば「プレゼンの最中は、しっかりと聴衆とアイコンタクトするのが大事です」ですみます。

しかし、これだけでは「本当にわかった」とは言えません。

受講者に考えさせてもいいでしょう。

「もし私が前に出て、みなさんの前でキョロキョロしていたらどうですか?」

と、実際にデモンストレーションしてキョロキョロとしてみます。

その後にしっかりとアイコンタクトしてから、その「差」を聞いてみます。

「圧倒的に、アイコンタクトしたほうがいいです」となれば、かなり理解度は高まります。

「みなさんの中に、お昼ごはん何にしようかな?　と考えていた人が3人いますね」と言うと、受講者はゲラゲラと笑います。

「つまり、アイコンタクトをしていると、聴衆が何か他のことを考えているのはわかります。それは、相手を観察できるからです、もちろん中身まではわかりませんが……」

と事例をあげて説明していけば、相手は相当、「わかる」ようになります。

アイコンタクトは一例ですが、あなたの研修でもまったく同じです。

「ひと言ですませる」のではなく、ポイントとなる部分、研修の核となる所については、親切、丁寧に、「くどい」と思われるくらいに説明をして丁度いいのです。

なおかつ、親切、丁寧な説明のあとは、「何回も再確認してもらう」ことも欠かせません。聴衆、受講者は忘れっぽいと心得ておくべきです。

「さて、アイコンタクトで大切なことは何だったでしょう。そうですね、ひとつは聴衆が観察できるということでした。このことについては、セールス心理学ではバイイングシグナル、買い気信号ということが有名で……」

「アイコンタクトは、少なくともワンセンテンスはしっかり目をそらさずに見るのが基本でしたね。誰を見たらいいでしょうか？　そう、キーパーソンでした」

というように、他の説明をしながら、その中で前の復習のつもりで何回も盛り込みます。

今の二例は「自問自答法」で、自分で質問して、自分で答えていく形で再確認をしていきます。

・ひと言ですむことを10分かける

というつもりで、親切、丁寧に説明していきましょう。

さらに加えて、研修の中で大切なポイントは、何度も〝再確認〟をしながら進めていってください。

その気配りは、あとで大きくものを言うはずです。

基本も再チェック

さて、「ともに学ぶ」という姿勢で進めていくことの大切さ、実行の仕方はおわかりいただけたことでしょう。

この章の結びとして、基本の再チェックをしておきますから、「当たり前」としてすませずに覚えておいてください。

・身だしなみは大丈夫か？
・名簿をチェックして、難しい名前の読み方は確認しているか
・全体の時間配分は頭に入っているか
・否定的な質問を想定して対策を準備してあるか
・事例は適切、十分に用意されているか
・ベル、ストップウォッチ、マーカー、プロジェクター、パソコン、スクリーンといった備品にモレはないか

・予備のスライド、配布資料など万一に備えてあるか

というような基本中の基本は、ややもすると「教えることに一所懸命」になってしまうと、意外に疎かになりがちです。

私も、初心者の頃はよく基本を忘れてしまい、ギクシャクして流れのない研修をしてしまった記憶があります。

いつでも基本に立ち返ることは、プロの条件と言っていいでしょう。

5章

プロの研修講師になる

- 自分自身で集客してみる
- 誰にでも、教えるテーマはある
- まずは、公的機関で開催してみる
- 受講者の満足度を高める
- リピーターにする3条件
- いつでもオンにしておく
- コマ切れリハーサルのすすめ

自分自身で集客してみる

この項では、あなたが「プロ」の研修講師となるためのポイントをまとめてお伝えします。ここでプロという意味は、今までのように「依頼されたから」研修をするというのではなく、あなたが、自分自身で研修を行なっていくという意味です。

最終的には、あなたが企画、宣伝、集客をして、開催から終了までのすべてを「とりしきる」ことになります。

すでに前半で伝え方、教え方のスキルはおわかりいただけたかと思いますので、ここでは主に、テーマや集客などの実務を中心に述べていきます。

自分の会社から依頼されて、「君、ちょっと研修をやってくれないか」というのではなく、あなたが「このテーマで研修をしてみよう」と、とくに社外に向けて企画してみましょう。

テーマについては後述しますが、ここではあなたが「人を集める」ことについて考えます。

実は、ビジネスとして研修をはじめた場合、ここが最もたいへんな部分になります。あまり専門的な集客法となると、本書の研修講師の領域からは外れてしまいます。ただ、こうしたこともある程度は知っておかないと、もし「一人立ち」しようと考えたときに困るため、ここで少し触れておくことにします。

私のようなプロは、「研修営業専門の代理店と協力する」ようになります。

私も、研修ならA社とB社……というようにいくつか協力してます。さらに、企業内ならA社、商工会議所や法人会はB社というように、なるべく代理店同士がバッティングしないようにしています。私の講演や研修を、ライバル社が同じように売り出すのは、職業倫理上差しさわりがあるからです。

しかし、あなたは「プロ」として、1人ですべてをやってみることで、研修の仕組みがわかります。

つまり、「企画立案から営業までが代理店」「研修講師は研修をすることとフォローアップ」「再び営業をしていくのは代理店」といった流れがつかめます。

ここでいう流れは一例ですが、あなた自身が研修会社をつくろうとしたら、すべての流れをあなた1人で行なっていくことになります。

また、講師でも「企画」「提案」もするし、場合によっては営業も行なって、顧客という〝ファン〟をつくっていくことも欠かせません。


私は、今は営業は代理店に任せていて、私自身は「研修」「講演」の現場に行けばいいだけにしています。

今までは、スケジューリングは自分自身で行なっていましたが、タイムマネジメント上、秘書がいないと手一杯なので、本書が出る頃には、日程、スケジューリングは他人に任せているはずです。


まずは、「自分でやってみる」ことで、あなたは研修という仕事を「体でつかむ」ことができます。そのひとつとして、まず「自分自身で集客してみる」ことをお勧めします。

すでにテーマがあったとして、どうしたら集客できるでしょうか？

テーマの設定→集客という流れですが、先に集客から考えてみてください。

集客の手段はいくつかあります。

今は、昔のようにDMだけということはありませんが、対象を絞り込んだ、手づくり感覚のDMだと目に止まることがあります。

また、同様にFAXもいいでしょう。

そして、あなたの顔写真を載せたり、生の声が感じとれるDMは再考の余地があります。

さらに、手っとり早いのはホームページでの告知でしょう。

私への取材依頼の大半はホームページから来るし、研修や本の宣伝もできます。また、メルマガも配信していて、「松本幸夫」という研修講師を知ってもらうには、メルマガを活用するのは常識となっています。

また「公的機関」の活用も、初期投資をおさえたい人にはよい手段でしょう（後ほどくわしくご説明します）。

ただし、「市」とか「区」の公報などを用いる場合、「営利目的はNG」となっています。

私が、20代でヨガ教室をはじめた頃はお金がなかったため、市の公報紙に、ヨガ教室生徒募集というのを載せてもらいました。

もちろん、お金は取られないし、「ヨガを広めよう」という思いが強くありました。ただ面白いもので、行なっているうちに、「ぜひ、私たちの近所で集まりますから来てください」「ウチの婦人部での指導をお願いできませんか」と広がっていきました。
もちろん、その広がった部分については、「月謝」をいただけたので、ビジネスになっていったわけです。

他にも、チラシを配るとか、フリーペーパーで宣伝してもらうなど、〝集客〟については、私も自分でやってみて、いろいろなやり方があることがわかりました。

まずは、

- **DM**（手づくり感覚で）
- **FAX**
- **ホームページ**
- **区・市などの公的な配布物**

など、元手をかけずに自分自身で集客をしてみましょう。

誰にでも、教えるテーマはある

会社や上司から研修を依頼された場合は、テーマは「相手持ち」ということはあります。「悪いけど山田君、配布資料の作成法で頼む」とか「個人情報でお願いします」などといった具合です。

ところが、あなたが「一人立ち」をして、「自分で研修をしよう」となると、意外にテーマは出てこないものです。

社内の人なら、客観的に「あの人は○○が得意」とわかりますが、自分のこととなるとおそらく、「自信の持てるテーマがない」となってしまうはずです。

その原因は、「自分には人に教えられるテーマなどない」「そんなにプロじゃないし……」といったことが、潜在的に心の奥にあるからではないでしょうか。

でも本当に、あなたは人に教えられるテーマを何も持っていませんか？

私は、「誰でも、研修のできるテーマはある」「人に伝えるだけの内容は持っている」と信じています。

私の父は、学歴はありませんでしたが銀行マンで、とても明るい性格で努力家でした。私とはまるで正反対です。ですから、もし私が父に研修を頼むとしたら、

「いつでも明るく仕事に取り組む法」
「社内コミュニケーションの達人になるには」
「コツコツと努力できる人になる法」
「銀行マンのための成功行動学」

などといったテーマで講演を頼みたいと思います。

また、父は読書家だったし、法律にも強かったようですから、私のまったく知らない専門分野は、きっとたくさんあったことでしょう。

普通の銀行マンでさえこれですから、あなたもよくよく自己探求してみたなら、研修できるテーマは必ず見つかるはずです。

1　専門性があるもの

～ができる、～が過去にできた、～の体験がある、ということはすべて、何もない人から見たなら立派に教えるべき、伝えるべきテーマとなります。

2　好きな分野

趣味や特技であって、仕事上の専門性と関係がなかったとしても、本当に好きだったら研修として成立します。

それがビジネスとして成り立つかどうかは別として、あなたが本当に好きなら、研修にチャレンジしてみる価値はあります。

私も、「仕事」ではありませんが、趣味の武道や格闘技で雑誌に連載を書いていたことがあります。

また、脳科学の教授ではありませんが、「研究家」としてテレビでコメントをしたことも10数回あります。

このどれにも共通しているのは、いずれも「好きな分野」ということです。

これらも、あなたの研修テーマになる可能性がありますから、好きな分野を洗い出して、テーマにできるかどうかを検討してみてください。

3　上司や会社から依頼されたテーマ

あなたが依頼されたテーマは、社内の人があなたのことを「専門家」と認めてくれたテーマです。

ですから、それはそのまま、あるいは少々手直しをして、〝外部向け〟の研修テーマにしてしまうこともできます。

そして、必ずしていただきたいことは、「研修テーマを決める」「考えてみる」という休日の1日を取るということです。

その日は、「何をテーマにしようかな？」「自分の能力、キャリアが活かせそうなテーマはあるかな」と、じっくりと深く、時間をかけて考える日にするのです。

しかし、いきなり何日にもわたる研修とか、まる1日のセミナーと考えると、心の負担は重くなってしまうため、「まずは2時間の講演をする」程度のテーマを見つけましょう、

ウォームアップとしては、友人との酒の席でもいいので、

・自分の業界の話
・自分の体験談

を言葉にしてみましょう。

他の業界の人から見たら、あなたは立派にその業界の「プロ」であり、「キャリアある人」なのですから。

まずは、公的機関で開催してみる

研修講師の「プロ」ということになると、それで「飯が食える」、つまりビジネスとして成立しなければなりません。もっと欲を言えば、「稼ぐ」「儲ける」というレベルにまでもっていきたいものです。

と言っても、スタートしたばかり、あるいはこれからはじめようという人にとっては、いきなり「稼ぎ出す」のはハードルは高いでしょう。

そこで、まずは公的機関で開催してみることをお勧めします。

どちらかと言うと、研修というよりは趣味の会、集まり、教室といった雰囲気ですが、それでいいのです。

何ごとも慣れなので、まずはやってみること自体に価値があるのです。

「区民だより」とか「○○市報」のように、あなたの住んでいる地域で実施している催しや医療機関を載せている配布物があります。

そこに、まずは「単発でいい」ので、つまり1回限りということで載せてもらうのです。

スタート時点に、先に場所を決めて確保しておくと、よりベターです。

つまり、「11月2日、公民館和室にて14時より」とか「10月28日、区民ホールにて13時から」という形で載せてもらうわけです。

公共の施設ですから、無料か、ごく安い使用料で使うことができます。

あるいは、「場所現在未定」であっても、内容がはっきりしていて営利目的でなければ、構わないケースもありますから、そこはあなたの地域の公的機関に相談してみてください。

ここでの「奉仕」「ボタンティアベース」で行なった研修、というより勉強会に近いでしょうが、これはあなたのよい経験になるはずです。

「1回」のみのつもりでも、予想外に受講生集まったり反応がよければ、次は「定期開催」をめざしましょう。

このようにして、ステップバイステップで、プロ研修講師に近づいていくのです。

さてその次は、公的ではなく民間の「貸教室」で、しっかり賃貸料を払って場所を確保するやり方です。

私は一時期、「ヨガ教室」と「話し方」を、少しだけこの形でやっていたことがあります。

ここで考えるのは、

・企業向け

・一般向け

のどちらで研修をするか、ということです。

私のやっていたヨガ教室は一般向けで、「月謝制」という形で行なっていて、研修というよりは趣味の教室、文化センターに近いものでした。

やり方としては「文化センターの講師として売り込む」というのも、あなたに自信があれば、やってみてもいいでしょう。

ただ公的機関、貸教室、文化センターの講師というのは、やはり社会人向けで、かなり広範囲なので、必ずしも「ビジネス直結」ではありません。

ここが実は明確にしたいところですが、研修講師のテーマは、ビジネスに直結しているものということができます。

たとえば、犬の飼い方は文化センターではできても、企業内研修にはなり得ないということです。

はたして、「ビジネスマンがお金を出して、仕事のスキルアップの一助として選ぶかどうか」というのが、あなたの研修を考える鍵になるのです。

つまり、企業の中で研修として採用されることが目標になる、と覚えておきましょう。

受講者の満足度を高める

研修講師のプロとなると、受講生という見方以外に「お客様」という目も欠かすことはできません。

お金を取らない勉強会やボランティアなら、一方的にあなたの研究の発表をして、あなただけが満足すれば、それで十分かもしれません。

しかしプロは、相手の「満足度を高める」工夫をしていく必要があるのです。

まっ先に考えなければならないことは、受講生の「ニーズを満たす」ということです。

私が指導するコミュニケーションの講演や研修では、ほとんどの人がその人自身の「テーマ」を抱えてやってきています。

たとえば、「あがり症を克服したい」とか「交渉で自分の意見をはっきり伝えたい」、「プレゼンテーションの基本を知りたい」などといったことです。

また受講者も、1日や2日の研修でいきなりすべてが解決できるとは期待していません。しかし、少なくとも解決のヒント、糸口くらいはつかみたいと思っています。

あなたはプロの研修講師として、受講者は一人ひとりが、何を求めているのかを知らなければ務まらないのです。

可能であれば、事前に受講者のニーズや仕事の内容、このあたりはしっかりと確めておくべきです。

また、テーマに沿った経験はどのくらいあるのか、仮にプレゼンテーションならどのくらいの回数を何人の前でするのか、対象者は、などはしっかりと〝事前に〟つかんでおくことです。このあたりは再度、「聴衆分析」の章を見直してみましょう。

最大のポイントは、受講者のニーズを満たすことにありますが、あなたの研修内容や研修の進め方が「プロ」だと、それはそれでアンケートが高い評価になることもあります。

もともと私の研修は、学術的な部分は少なく、目的は「現場で使う」ことにあるため、実習も多くあります。

ですから、研修で参加者を応募するときには、そこを強く訴えるようにしています。

・実習中心
・現場で使える

というのは、「ウリ」でもあるわけです。

ところがなかには、それをよく読まずに応募してくる人もいます。

すると、終了後のコメントで「もう少し、学術的な内容をたくさん聞きたかった」などということになります、もともと、少ないと言っているにもかかわらず、です。

ですので、その人のニーズには必ずしも合ったとは言えません。

しかし、「ただ、研修そのものは思っていた内容とは違っていましたが、いろいろな人とコミュニケーションもとれたし、現場で使えそうなスキルも身について楽しめました。ありがとうございます」ということになりました。

このように、参加者側の「うっかり」が原因であっても〝プロ〟は、満足して帰っていただかなくてはなりません。

あなたの研修の参加者になった以上は、「何も得ないで」「満足させることなしに」帰してはならないのです。

「とてもタメになりました」

「あっという間に時間がたちました」

「今までで一番よかった」

「すぐに使ってみます」

「楽しかったです」

と言っていただくようにしましょう。

これらのコメントは、いつも私の研修の終了後に聞かれるコメントです。

❹リピーターにする3条件

同じ研修先から、「先生、とてもよかったです。来月もまた来てください」などとリピートで仕事ができることは、まさに研修講師冥利に尽きます。自分の〝技〟や〝ハート〟が、認められたわけですから。

これは、逆を考えてみたらすぐわかります。

「もう来なくていいです」

「期待ハズレ、二度と呼びません」

などと言われたらショックでしょう。

実は、相手先から「また、ぜひ来てください」と言われる、リピーターにする、ファンにするための条件があります。

これを知っているかどうかで、次にお声がかかる確率がまったく違ってくるのです。

1　研修講師としてのスキルアップ

これはもう当然です。研修の中身から伝え方、受講者との関わりも含めて、「名講師」となって評判も高まれば、相手はリピーターになってくれます。

「また、お呼びしよう」

「他の部門の人にも受けてもらいたい」

という声が返ってくるのです。

2　担当者とのコミュニケーション

実は、これが思いのほか大きいのです。研修先の担当者と親しくなって信頼されたら、もちろん研修の中身がよくて受講者に受け入れられたら、相手はリピートしてくれるものです。

最近私は、この点にも気配りしています。

以前は、「中身で勝負」とばかりに、あまり担当者にウエイトを置かないような時期もありました。幸いにも、インストラクションスキルが卓越していて評判がよかったため、リピーターは多かったのです。

ところが現実には、企業の研修スケジュールを組んだり、講師を選定するのは大半が担当者です。

たまに、トップのひと声で「あの先生にしなさい」などということもありますが、ごく稀です。

つい先日も、四国の大きな会社で研修をしました。たまたま担当者がベテランではなかったため、私にもアドバイスしてくださいなどということもありました。

研修所での合宿型でしたから、研修中の食事などはいつも一緒で、世間話をしたり、「東京」の話などで盛り上がりました。

「では先生、来年の夏もお願いします」と、そのすぐあとに日程を押さえて、来年の仕事が決まりました。

たしかに、私のスケジュールは3、4ヶ月先まではいっぱいの状態ですが、1年以上先は毎日埋まっているというほどではありません。

ということで、担当者とコミュニケーションを上手にとっておくのも大切、とあらためて確認させられました。

3　宣伝もしておく

これは、受講者に対する「研修講師からの言葉かけ」です。

宣伝というと変ですが、ちょっとした休憩や終了時に、「この研修がよかったと思う人は、ぜひ身近な仲間に〝ものすごくよかった〟と伝えておいてください」と言うことがあります。


研修の担当者も、企画した研修に多くの受講者が来ると鼻が高いはずです。

ですから、「先ほど先生もおっしゃっていたように、いい研修ですので部門に戻りましたら、〝宣伝〟しておいてください」などと言ってくれます。

これも、担当者と仲よくしておくことのメリットです。

要はマメに、小さなひと言でもいいので、「宣伝をしておく」ことです。

自分のスキルアップ
担当者と仲よくなる
マメに宣伝しておく

という3つで、あなたのリピート率はグーンと高くなるはずです。

いつでもオンにしておく

あなたがもし、「研修のプロ」をめざすのなら、研修をしている最中だけが研修だとは思わないことです。

つまり、研修中だけがスイッチオンの状態ではなく、いつでも「研修スイッチはオン」にしておく、ということです。

たとえば、完全にオフにしていると、万一テレビを観ていて、「この話法は研修に使えそう」とか、本や雑誌を読んでいて、「この話は、実例として出すにはピッタリ」というチャンスを見落としてしまうことになります。

しかし、「いつでもオン」でいれば、そんな研修以外での「ネタ」もチャンスとして取り込むことができます。

私は、1年の半分以上は研修をしているため、「研修中に学ぶ」「ネタを見つける」ということも少なくありません。

研修をしているオンタイムでの、気づきや情報収集です。

私が言いたいことは、たとえまだ研修の回数は多くなくても、「いつでもスイッチオン」の状態にしておいたなら、どんなときでもあなたの研修能力を活かすチャンスになる、ということです。

つまり、研修中だけが研修ではない、ということです。

半ば無意識にも、スイッチは「オン」に入れておきましょう。

ゴルゴ13が、背後に人が立つことを無意識で嫌うのにも似ていて、無意識にも研修スイッチオンになっていれば、「あっ、これは使える」と、いつでも気づくことができるのです。

実は、この「いつでもオン」という心構えを、私はこの頃、情報収集について意識的に行なっています。

以前は、本や雑誌を読んだり、著名人の講演を聴くなど、情報収集のスイッチがオンになるときはだいたい決まっていました。

ですから、なるべく多くの本を読もうとか、人の話をたくさん聴こうというように心がけていて、あとは「情報収集スイッチがオフ」になっていた気がします。

しかし、「メルマガ」で雑誌的な内容を書いているうちに、しだいに「日常生活の中での気づき」もテーマになり、日常生活も立派に情報になることに気がついたのです。

このため、情報収集スイッチを無意識のレベルで「いつでもオン」にしておくことが大切と言えるでしょう。

と言っても、いつでもヤル気満々に「よし、情報をネタにしてやる」というのではありません。

あたかも、パソコンの「スタンバイ」の状態のように、いつでもその気になれば意識の働く状態にしておくということです。

そう気づいてから私は、もともと多読で月に20～30冊は本を読んでいたのが、「読まなくても情報は入る」と安心して、必要以上の本を読むことはなくなりました。

いつ、いかなる場合であっても「研修のスイッチはオン」にしておきましょう。

そうすれば、あなたは日常生活の中でさり気なくすごしていても、研修のスキルアップがはかれるはずです。

コマ切れリハーサルのすすめ

ちょっとした、私の奥の手と言うか、「秘密のトレーニング法」をお教えしましょう。
あなたが、プロの研修講師になるのに欠かせないスキル、と言っていいでしょう。
それはリハーサルなのですが、私はこれを「コマ切れリハーサル」と名づけています。

これを私は、ラジオの収録でも、新しいテーマで慣れていない講演でも、もちろん研修であっても行なっています。

準備するものは、ストップウォッチやタイマーなどの時間を計測できるものとメモ、筆記用具だけです。

そして、長くても20分、通常は15分とか10分程度のコマ切れの「パーツ」にしてしまって、そこの部分だけのリハーサルをしておくのです。

リハーサルは、もちろん通しでできたらいいのですが、２日間の研修をそのまま2日かけてリハーサルすることはできません。

私の場合だと、受講者同士の行なう実習や何らかの作業、グループワークなどは、最初の言葉だけを少し口にするリハーサルをして、あとは「実習させたつもり」でイメージトレーニングをしています。

たとえば、

「それでは、ここは4人1組になって意見を出し合ってもらいましょう。時間は15分間です。1人、司会役をジャンケンでも多数決でもいいので決めてからスタートしてくださ い」

というセリフのところだけを口に出して、あとの15分は「15分グループワークをさせたつもり」でイメージするだけです。

そして、そのあとのパートをリハーサルします。

コマ切れにするのは、講義や説明の部分です。研修によっては、説明をすることもあるし、講演会だと2時間分は話せるようにしておく必要があります。

一般には、15分×4で1時間。これを2回行なうと2時間分のコマ切れリハーサルになります。

このメリットは、ポッカリ空いた10分とか15分の間に、サッとリハーサルすることでタイムマネジメントにもなるのです。

この場合、10分でも15分でもパートの部分のタイトルと、キーワードだけを書いておいて、あとはあなた自身の言葉で話すようにクセづけておきましょう。

つい先日、都庁で１００人以上を前に講演したときは90分間で、コミュニケーションがテーマでした。

私は、これをパートに分けて、15分×６の90分をコマ切れにしてリハーサルしました。

1　先入観をとる　数字のトリック

錯視図

2　ビジネスで使える話法　事実から入る

３つに分ける

3　説得力向上の雄弁術　雄弁の５大ルール

自信を示す

4　聴き方名人になる　３大ポイント

アクティブに
5　**クレームはこう受ける　5分聴け**
主張の仕方
6　**まとめ**

この6パートを、事前に2、3回、空いた時間にリハーサルしておきました。

他でも述べたことがありますが、私の場合はタイマーなしでしゃべっても、10秒ほどの誤差もありません。

また、パートに分けてコマ切れにすると、万一進行上そのパートができなくなっても、大きな流れは崩れなくなります。

現実に5のクレームはやらなかったのですが、無事に終了することができました。そこは、質問の時間に、丁寧に説明を加えたのです。

コマ切れでリハーサルをしておくと、今日の相手には、先に3番目をやったほうが効果的となったら、すぐに口にすることができます。

これをコマ切れにしないで、頭からリハーサルをしていると、咄嗟のときに一部を削ったり、順番の入れ替えがしにくくなります。

アルファベッドを覚えたての頃に、Ｊの次は何と言われて、頭から「ＡＢＣＤＥＦＧＨＩＪ」とやらないと出てこないのに似ています。

事前にリハーサルをしておくと、口も頭もなめらかで、スラスラと本番でもうまくいきます。また不思議と、研修以外でも口が軽く、弁が立つようになります。

6章

研修講師は楽しいライフワーク

- 人を育てるのは最高の愉しみ
- 記録して成長を確認しよう
- 最後は人柄がものをいう
- 頼まれたのはきっかけ、ライフワークにしよう
- マイナーチェンジでいい、成長しよう
- あなたのキャッチフレーズを作ろう
- ＪＲＡで成功しよう

人を育てるのは最高の愉しみ

動物や植物を育てている人はいますか？　どうですか、子犬が成長していく様子を見るのは楽しいものではありませんか。木も、花も、やはり自分の手で育てていくのはとても楽しいはずです。

研修講師も、「人」を育てるという尊い仕事です。これは、動植物を育てていく以上に楽しいものです。

そこには、もちろん〝受講生〟としての相手が育つということもあります。

しかし、そこに加えて、自分自身も成長していくのがわかって、これもまた、楽しさに一役買ってくれます。

これは「コーチ」と呼ばれるような人、「リーダー」「上司」でも同じで、〝自分が成長していく〟ことが実感できるのは、とても大きな喜びにもなります。

研修講師も〝初心者〟であれば、まだ「人を育てる」などという実感は湧いてこないものです。自分のことでせいいっぱいですから。

「聴衆分析」をしなければいけないとか、「研修のシナリオ」を書いておかなくてはいけないとか、リハーサルもしなくては……と、やるべきことはたくさんあります。

ですので、「人材育成」「受講者の成長」、さらには「自分の成長」などということにはまったく目が向かないと言ってもいいでしょう。

しかし、もう少々キャリアを積んでみてください。

「あっ、この人プレゼンが上手になったなあ」とか「初日はあんなに意見が言えなかったのに、2日目はしっかりと主張できている」というような、受講者が成長していく様子がよくわかるようになります。20～30人だと一人ひとりの変化もよくつかめるものです。

プロは、その「成長」「変化」が、わがことのようにうれしいのです。

そしてそれは、研修講師のヤル気、モチベーションを上げるための原動力にもなっていきます。

「よし、もっと早く身につけることのできる方法を考えよう」

「すぐにリラックスできて、自分の意見を口に出せる状況をどうやってつくり出そうか?」

と、工夫するようになるのです。

・受講者がどうやれば成長するか?

という受講者の目線から眺めてみることなのです。

また、この相手側の目線で眺めることができる人は、講師だけでなく、営業ならお客様の立場から、医者なら患者の立場から、政治家なら国民の立場から考えることができるのです。

つまりあなたは、研修講師の道を極めよう、プロになろうと努力をしていく中で、

・相手の立場で考える

ことが自然にできるようになるのです。

そしてこれは、あなたの人間的な成長を意味しているのです。

人を育てていくことには、あなた自身も相手も成長できるという大きなメリットがあります。

そして何よりも、理屈であれこれ考える以前の問題で、人材育成は愉しいこと、ということが実感できるようになります。

この愉しさは、他の何ものにも替えられないものです。

さあ、あなたもこの愉しみを、味わってみてください。

これは、研修講師として、日々研鑽、精進を続けていくことで必ず味わえることです。

記録して成長を確認しよう

研修講師として大成するには、何も考えずに「仕事」と思って研修をしてはなりません。自分は、研修を通じて人間として成長していくのだという強い意志を持ちたいものです。そのために役立つのが、「研修ノート」「研修記録」をしっかりとつけておくということです。

と言っても、「表」の華々しい記録や誇らしいことだけを記録するのではありません。以前私は、その手のことをよくやっていました。

「今年の研修回数220回」とか「テレビ出演13回」というような記録です。あるいは、本を何冊書いたとか、取材を何回受けた、などです。

たしかに「回数」や「数値化」というのは記録には欠かせないことです。あるいは、受講者のアンケートというのも記録になるでしょう。

これはこれで「自分はこんなに進歩した」「こんなに受け入れられてリピートも多い」

というような、自分を励まし、勇気づけるのに役立ちます。

しかし、その記録だけでは、残念ながらプロになることはできません。

ここが、平凡と非凡の別れ目であり、普通の講師か一流かの境目なのです。

以前、私が所属していた空手の流派の創始者の話です。

その先生が何年も山にこもって修行したときの「記録」――ご自身がノートに書かれたものですが、これを拝見する機会がありました。

そこには、自分自身を励ますような「回数」とか「数値化」されたものがありました。

たとえば、正拳中段突きと技の名が書いてあって、そのあとに「正」の字で回数、つまり何本突いたのかを刻明に記録してあるのです。

その先生は、「数値化」して話すことも得意で、「100メートルを10秒台で走るスピードと、親指2本で逆立ち歩行できる指の力があれば、牛を殺せる」などとすごいことを口にされていました。このように、自ら記録をとって修行していたわけです。

ところが、ノートの端に、チラッと「反省」や「感想」が書かれていたのです。

そこには、自分の修行に対しての「不足」「反省」「分析」といった、ある意味での〝ざんげ〟的な、弱い自分自身に対するコメントが書かれていたのです。

私は、さすがは一代で独自の空手流派を築いた先生だけあるなあと感じました。

つまり、「いいことだけ」「誇り」のみの記録ではなく、あえて自分の弱さも記録に残すのです。

本当に強い人は、自分自身の弱さをよく知っています。

そして本当の研修のプロは、自分の弱さをあえて記録に残しておくわけです。

「あんな質問にうろたえた自分は恥ずかしい」とか「時間配分を間違えるなんて、まだまだ努力が足りないぞ！」というようなことも、あえて研修ノートに記しておくのです。

この「弱さを自覚する」、そしてそれをあえて視覚化して残しておくことに価値があるのです。

もちろん、成長そのものを目に見える形にして、ヤル気を高めるのはとてもいいことです。よく、営業所に売上げや、成約件数などをグラフにして貼り出しているところがあります。

私の研修先でも、あえてグラフにして、ヤル気につなげようという所があります。棒グラフが所内で上のほうにあれば、「よし、もっとがんばろう」となるし、下であれば「よし、追いついてみせる」と、どちらも自分自身のモチベーションを上げることができます。ですので、あなたの研修ノートにも、このようなグラフを書き込んでおいて、〝見える化〟することも行ないましょう。

この研修ノートによって、あなたは、

- **ヤル気を高める**
- **反省して、成長の糧にする**

ことができます。

ぜひ、日々「見える化」して記録し、感想、反省も併せて記しましょう。

最後は人柄がものを言う

研修講師にとって、最も大切なものは何でしょうか？

もちろん、研修の中身を常にバージョンアップするよう心がけることは、言うまでもありません。一部には、もう何十年も同じような大学ノートで、同じ内容で研修を進めていくような「時代についていけない」講師もいるようです。

また、形だけパワーポイントを用いたり、動画を駆使しても、「内容」が磨かれて、深められていなくてはダメです。小手先だけのテクニックでのゴマかしはいけません。

もちろん、伝え方のスキルも重要です。

同じ内容だったら、受講者に「ありがたかった。受けてよかった」という満足感を与えることも、大きな講師の仕事と言えるでしょう。

・**中身**
・**伝え方**

というのは、研修講師が常に磨いておかないと、「プロ」であるとは広言できない大切なポイントです。

では、内容と伝え方だけで十分かと言うと、もちろん違います。

モチベーションを高めて熱意に満ち溢れた状態にしないと、ただ機械のように教えるだけ、情報を伝えるだけとなりかねません。

また、先述したように受講者、聴衆を分析して、しっかりとニーズをつかむことも欠かせません。

あるいは、研修講師として「場数を踏む」のも欠かせないことです。

実際にやってみないと、わからないことは多いものなのです。

ただ、最後にものを言うのは、それらすべてを考えた上でですが、人間性や人柄です。

人間性、人柄のいい人は「好かれる」ものです。

噛み砕いて言うと、研修講師は「嫌な奴」と嫌われてしまっては、お終いなのです。

と言っても、やたらにヘラヘラしろ、お世辞を言えというのではありません。そんなことをすると、逆に嫌な奴だと思われてしまいます。

人間性というのは、その場ではとりつくろえないもので、また一朝一夕で身につくものでもありません。

その人が、実人生でどのくらい苦労したか、努力したか、愛されてきたか、工夫したか、ガマンしたか……。すべてが出てきてしまうのです。

その昔、アメリカのリンカーン大統領が、友人の勧める補佐官を採用しようとしたときに、「ノー」と答えました。

「どうしてですか、大統領、彼はものすごく優秀で、絶対にいいブレーンになると思います」

と言ったところ、リンカーンは「彼は顔がよくない」と言ったそうです。

もちろん、ハンサムではないとか、そんな表面的なことではないのです。

人間性、経験、人柄、考え方……、それらはすべて、その人の〝顔に出る〟のです。まさに顔は履歴書なのです。

ですから、少なくとも40歳前後、アラウンド40の人は、自分の顔に責任を持たなくてはいけません。

最もその人自身が出るのは、私の体験上は笑顔だと思います。笑顔のすばらしい人は、絶対に人間性もいいはずです。

私の周囲にも、「あの人は仕事の鬼」「あの人は少し怖い」などと言われている、デキる人が数多くいます。

たしかに、彼、彼女は仕事に真剣に取り組みますから、むしろだからこそ、厳しくて怖く見えるのです。

私も一緒に仕事をしていて、「鋭いなあ」「恐ろしいくらい」という人はいます。

しかし、彼らに共通していることは、その厳しい表情の合間に見せる笑顔が値千金で、たとえようのないほどキラキラ輝くすばらしい笑顔なのです。

私はとても単純で、「好き」「嫌い」で仕事をしていますから、スマイルのすてきな人にはコロリとまいってしまいます。

他でも触れましたが、私は原則として「この人は嫌い」という人とは仕事をすることはありません。

無理にやっても、あとに必らずトラブルになったり、嫌な思いをするからです。

私も年齢が半世紀を越しましたので、そろそろワガママで、好きに仕事していこうと決めています。


人間性は、どうとりつくろっても顔に出る、これだけは忘れないでください。


ですから、あなたは「みなさん、おはようございます」「こんにちは！」と研修講師としてあいさつをはじめた時点で、すでに「好き」「嫌い」という判断はくだされてしまうのです。

ですから究極は、もっと「正しく、美しく、清く」恥ずかしくない生き方をすることが、研修講師としての評価を高める道なのです。


その昔、中国の後漢の時代に楊震という男がいました。

彼にワイロを差し出した者が、「誰も知っている者はいないですから」と言ったところ、楊震はこう言いました。

「天知る　地知る　我知る　人知る」と。

少なくとも、「天」は見ていますから、悪いことはしない、正しい生き方をしていきたいものです。

その生き方が、研修講師としてのあなたの人間性を「顔」に表現してくれるのです。

頼まれたのはきっかけ、ライフワークにしよう

あなたが研修講師を頼まれたのも、何かのきっかけ、縁と言っていいでしょう。世の中には、研修講師などまったく無縁の人もいます。しかし、あなたは何かがあって、上司や他部署、あるいは他のメンバーなどから、「頼む」と言われるようになったわけです。ですので、まずはこれに感謝をして、せっかくですから、今後も講師を続けてみてはいかがでしょうか?

私の場合は、たまたま自己啓発や勉強会が好きで趣味でした、と言っても、はじまりは「あがり症克服」のために、やむにやまれぬ事情から自分を磨き高めようとしたのです。かつては〝受講者〟の1人だった私は、上達度というのはわかりませんが、とにかく熱心さだけは誰にも負けなかったと思います。人よりもずっとスタートラインは後方で、自分で力が劣っているのがよくわかっていたので、練習だけは他人の2倍、3倍と繰り返しました。

万一あなたが今、「他の人よりも研修のスキルが劣っている」「自分は上手ではない」と思っているようなら、むしろそれは上達するチャンスなのだと考えてみましょう。

つまり、劣っているからこそ、それがバネになって、人の何倍もトレーニングするので、結果としては人よりも上達することになるのです。

面白いもので、「人よりも上達した」となると、「もっとやってみよう」と思うものです。人からほめられたり、受講者に感謝されたりすると、「もっとやっていこう」「もっと究めていこう」と思うため、さらにトレーニングをするようになります。

私は今、研修講師とビジネス書の作家という2つの仕事をしています。

そして、この2つともに、「ぜひ、お会いしたい」というファンが最近ようやくできてきたのです。

つい最近も、ある放送局のアナウンサーの方から、とても熱心な連絡をいただきました。「私が今お会いしたいベスト3のうちの1番目が松本先生です」というメールが来ました。

これが、妙齢の女性の方だとさらにいいのですが、残念ながら男性のファンの方でした。

また、ある編集の偉い方を通じて、「ぜひ、お会いしたい方がいるので会ってもらえませんか?」と人を紹介してもらいました。

その方は、10年以上もずっと私の本のファンで、お会いした当日も10年以上も前の私の本で、線を引いて何回も読み直してボロボロになったものを持参されました。「サインしてください」と言われることを、私は若い頃に何度夢に見たことでしょう。

その方は、たまたま私と同じ年齢でしたが、今は芸能プロダクションのマネージャーとして、誰もが知っているタレントを10名ほど抱えているベテランの方でした。

あなたが研修講師をしてさらに技術に磨きをかけ、キャリアを積んで実力をつけると、いずれ「本を書く」ということもあるはずです。

すると、必ずやあなたの熱心な〝ファン〟が出現します。

そして、「お会いしたい人NO・1です」とか「ずっとお会いしたかったんですよ、サインしてください」などと言われるようになるでしょう。

これはもう、本当にそこらの遊びの比ではありません。至高至福の瞬間です。ぜひ、あなたにも味わってもらいたい、と思います。

そしてもうあとは、やめることはありません。研修講師は、日々研鑽を怠らない限りは、終生現役でいられるのです。

そう、あなたは、ちょっとしたきっかけでスタートした研修講師を、ライフワークにしてしまえばいいのです。

➍マイナーチェンジでいいから成長しよう

最近、自分自身で「前よりずいぶんうまくなったなあ」と思うことがあります。以前は相当下手な研修をしていた、というわけではありません。私はどんなに小さなことであっても、必ず講師として「マイナーチェンジでもいいから進歩すること」を心がけて20年以上やってきました。

20年もたつと、明らかになったことがあります。

それは、20年前に同じ先生に習った人の中にも、私と同じ志をもって工夫改良を怠らなかった人は「今も通用」しているし、これからも通用していくでしょう。

ところが、私の後輩の中などにも、「ただ習ったことを覚えてそれで十分」と、何の工夫もせず進歩もしようとも思わず、ただルーティンワーク化して講師をしていた方々は、「通用しなく」なっています。

というのは、たとえば企業にうかがって行なうような企業内研修は、「カスタマイズ」

が常識です。

つまり、たとえば交渉の研修なら、「私たちはあまり外部との価格交渉がないから、社内の話し合いがうまくいくような交渉の中身にしてほしい」とか、「うちは営業の最前線の人間ばかりだから、ハードなかけひきのあるケースを入れてほしい」など、要望がたくさん出ます。

それに対して、工夫改良してきた講師は「対応していく」ことが可能です。

ところが、十年一日のごとくまったく同じ中身を、ただ考えもなく行なってきた方々は、残念ながら今はお声がかからないようです。


進歩の段階を守（修）、破、離といいます。

守の段階は、もし手本となる先輩の講師がいたら、ひたすらその人のマネをして、その人のよい部分を吸収して、基本をマスターしていくレベルです。

しかし、ここで十分と思ってはいけません。

たしかに、このレベルで講師デビューはできますが、あくまでも基本であって、たまたまこの時期に通用する中身、というのに過ぎません。

これを3年、5年とそのまま教えていたのでは、まったく時代遅れで、役に立たない講師になってしまいます。


破は応用です。ここでは、先輩や先生、手本となる人のやり方をベースにしながらも、少しずつ変えて、自分なりのやり方を付け加えていきます。

マイナーチェンジを繰り返すのは、このレベルからはじまることです。

私もはじめの頃は、たとえばウォームアップの10分、15分の進め方に手を入れるようなことを行ないました。もちろん、中身のベースは変えませんが、伝え方やペアの組み方など、大きな影響の出ないところでは、どんどんチャレンジしてみましょう。

つまり、応用技を磨くのです。

もちろん、それに慣れたなら、中身にも新鮮なアイデアを加えるようなこともします。

そして、上達の最終段階は離のレベルです。

ここでは、研修講師として、まったくあなたのオリジナルのアイデアが、どんどん湧いてくるレベルです。

私も、何とか今ではこのレベルで活動していて、プログラムを開発したり、講演のネタを創ったり、ケーススタディーを考えることも行なっています。これらをまとめると、

1. 習って、そのままマネる

2. 工夫を加えて、改良、マイナーチェンジをする

3. 自分流を創り出す

という流れになります。

まずあなたが心がけるべきことは、毎回ほんの小さなことでいいので、今までのやり方、中身を見直していって、マイナーチェンジを繰り返していくことです。

その小さな努力が、やがては「独創」「オリジナル」という道へとつながっていくのです。

あなた自身のキャッチフレーズをつくろう

私の同期の講師に浜田幸一氏がいます。といっても、政治家の浜田幸一氏とは同姓同名ですが、まったくの別人です。

彼も昔はギャグで、「私は机や椅子を投げたりはしませんから安心してください」などとやっていました。ハマコー先生には他意はありませんが、紹介してそんなことを言っていたわけです。

さて彼のキャッチフレーズは、「プレゼン研修3000回の鉄人」です。「プレゼン一筋20年」というのでもいいかななんて思います。

私のキャッチフレーズは、憧れていたヒクソン・グレイシーからとって、「著書400冊無敗！」としたいのですが、まだ400冊にはなっていないし、すべて重版しているとかベストセラーなら無敗ですが、こちらもそうではないので、そうは言い切れません。

それでも、「研修リピート率92％」なんていうのもあります。人気があって、ほとんどの企業から「またお願いします」と呼ばれる、というわけです。

あるいは、本だと、昨年すでに13冊出版していて、今年前半はあと7冊出版予定なので、いつも本を書いている時点の冊数をややファジーに言うのです。が、本書が世に出ている頃には〝約〟150冊となっているので、〝手書き著書150冊の超人!〟としようかなと思っています。そう、私は手書きで本を書いているので、ここは「売り」のポイントになります。


このように、自分で自分のキャッチフレーズを、ぜひつくってみてください。おそらくそれは、あなたの理想や夢を語ったり、憧れをフレーズにするような楽しい作業になるでしょう。

今では赤面してしまいますが、私の20代の頃のキャッチフレーズを紹介しておきます。そのときは肩に力が入っていて、本当にそのようにチラシに書いたり名刺にも入れていました。

・誠の講演道を追求する　炎の講演家

何だかメラメラと燃えているようなフレーズで、「よし、やるぞ！」とは思っていたのですが、こんなフレーズを書かれた名刺をもらった人は、何と思ったことでしょうか？

キャッチフレーズは、どんなことでもいいのです。たとえば、

・受講者への思いやりNO・1講師

とか、

・日本一のカリスマ講師

NO・1とか日本1なんて、基準はないのですから、自称でもいいのです。

「若手NO・1」と言っても、何歳かは決まりはありませんから、20代、30代でも40代でも通用するでしょう。

あるいは、

「決して期待を裏切りません」

とか

「明るく、楽しく、役立つ研修をめざす」

など、受講者がワクワクして、期待できるようなものもいいでしょう。

自分の研修講師としてのキャッチフレーズを考えることは、イコールあなたの研修を考えることにもつながります。

もしあなたがプロをめざすのなら、受講者の心に響くようなキャッチフレーズを考えましょう。

JRAで成功しよう

さて、ここで研修講師として、プロになった場合に欠かせないことをご紹介しておきましょう。

私はそれを、JRAと名づけています。と言っても、日本中央競馬会とは、何の関係もありません。

JRAというのは、

J……準備
R……練習
A……愛情

の3つの日本語の頭文字をとったものです。

どんなにあなたがプロの講師になったとしても、準備不足ではいい研修はできません。私もごく稀にですが、十分に準備の時間がとれないまま、研修に臨まざるを得ないことがあります。

すると、プレゼンの能力は高いので、上手にゴマかして「うまそうに」こなしてしまうことはできます。

しかし、自分には嘘はつけません。「あの部分は準備不足で、本当は説明が甘かった」という反省項目となります。

資料を集めておくとか、ネガティヴな質問に対する想定質問集をつくっておくとか、十分に聴衆分析をしておくなど、研修の中身づくりに加えて、十分な準備があれば憂いはなくなります。まさに、備えあれば憂いなし、です。

R……練習

私はいちおうプロを自認していますが、今でもはじめてのテーマだったり、教材を録音するというような、研修講師そのものではない仕事では、練習を欠かしたことはありません。

もし、自分の土俵で何百回も繰り返している中身なら、「とっさの対応」は、条件反射的にできてしまうこともあります。これはあなたも、手慣れた仕事、作業なら同じことが言えるでしょう。あまり考えなくても、自然に体が動いて、言葉を口にしているような体験はあるでしょう。

しかし、「慣れていない」場合は特に、練習なくして成功なし、と言ってもいいのです。

また、慣れている研修であっても、ほんの5分、10分というパートでも練習しておくと、本番での言葉の〝キレ〟が全然違うのです。

スピーチでは、一番上手な人が一番リハーサルをすると言われています。かつてはアメリカの大統領であれば、雄弁家と言われたビル・クリントンもリハーサルをすると言われました。今なら、オバマが一番練習するからこそ、大統領にふさわしいスピーチで人の心を動かすことができるです。

研修講師のプロとして一番のタブーは、〝ぶっつけ本番〟だと知りましょう。

A　愛情

あなたは「研修そのもの」に愛情を持たなくてはなりません。

また、受講者に対しても、愛情をもって接することも基本中の基本と言ってもいいでしょう。

万一、あなたに反対し、敵対する人がいたとしても、それはあなたの力を試したり、誤まりに目を向けさせてくれる〝先生〟と思いましょう。

怒るのではなくて、愛情をもって叱ることのできるのも、プロならではです。

・研修

・受講者

に対しての愛情は、ぜひとも持つべきですが、実はもうひとつ、愛情をもって接してほしい〝人〟がいます。

それは、研修講師としてのあなたです。あなた自身に、もっと愛情をもって接してください。

自分で自分を励まし、愛情をもって自分に接しましょう。

「今日は、大人数の研修ご苦労さん。たいへんだったけれど、受講生に喜んでもらえてよかったね。大したものだよ」

と自分に自分で声をかけるのです。

オリンピックのレースのゴール後に「自分で自分をほめたい」と語った女子マラソンの有森裕子選手ではありませんが、あなた自身に「よくやった」と声をかけるのです。


そして、研修講師は自分のライフワークであり、自分は一生をかけて、この道を歩むと宣言してみましょう。

私は今でも、中学時代に習った英語で、覚えているものがあります。
意志あるところに道は拓ける、です。
Where there is a will, there is a way.
研修講師を志すあなた、そこに道は拓けます。必ず。

【著者略歴】

松本幸夫（まつもと　ゆきお）

1958年東京生まれ。人材育成コンサルタント。ヒューマンラーニング代表。

幼少の頃から極度のあがり症で悩み、その克服のために武道、ヨガ、インド滞在などの経験をもつ。

ビジネス書の作家と研修講師という顔をもち、研修では20年以上にわたって最前線にいて、交渉、話し方、プレゼン、時間管理などをテーマに、これまでにのべ15万人もの受講者を指導。

そのプロの研修講師としての集大成が本書。ここ数年、年に15冊から20冊というハイペースで執筆を続けている。

著者として、『アガリ症を7日間で克服する本』『あがり症・口ベタ・話しベタをなんとかする「とっておきの話し方」』（同文舘出版）『仕事が10倍速くなるすごい！法』（三笠書房）『言葉の罠』（経済界）など著書多数。

松本幸夫オフィシャルホームページ
賢人道　www.kenjindo.jp

研修・セミナー講師を頼まれたら読む本

平成22年3月1日　初版発行

著　　者 ――― 松本幸夫
発 行 者 ――― 中島治久
発行・発売 ――― 同文舘出版株式会社
東京都千代田区神田神保町1-41 〒107-0052
営業03（3294）1801　編集03（3294）1803
振替001000-8-42935　http//www.dobunkan.co.jp

ISBN978-4-495-58801-4
印刷／製本：萩原印刷
Printed in Japan 2010